"福建文化海外传播"丛书编委会

主　　任：章正样

副 主 任：马建荣　王　岩

委　　员：（按姓氏笔画为序）

　　　　　王青松　陈柏华　陈绍明　陆洪斌

　　　　　卓斌斌　夏礼群　郭彩庭

编 辑 部

主　　编：马建荣

副 主 编：卓斌斌

编　　辑：林　颖　陈新谊　卢　涛

福建文化海外传播丛书
福建省中华文化学院 编

妈祖文化在海外

萧弘德 ◎ 著

海峡出版发行集团
海峡文艺出版社

图书在版编目(CIP)数据

妈祖文化在海外/萧弘德著. —福州:海峡文艺出版社,2024.12
(福建文化海外传播丛书)
ISBN 978-7-5550-3841-2

Ⅰ.B933

中国国家版本馆 CIP 数据核字第 2024TH1043 号

妈祖文化在海外

萧弘德	著
出 版 人	林 滨
责任编辑	余明建
出版发行	海峡文艺出版社
经　　销	福建新华发行(集团)有限责任公司
社　　址	福州市东水路 76 号 14 层
发 行 部	0591—87536797
印　　刷	福州约瑟弗文化发展有限公司
厂　　址	福州市仓山区浦上工业区 B 区 47 号楼二层
开　　本	720 毫米×1010 毫米　1/16
字　　数	164 千字
印　　张	13.5
版　　次	2024 年 12 月第 1 版
印　　次	2024 年 12 月第 1 次印刷
书　　号	ISBN 978-7-5550-3841-2
定　　价	68.00 元

如发现印装质量问题,请寄承印厂调换

总序

林金水

不同的文化都是在一定的地域环境基础上形成和发展起来的。福建以其独特的地理位置、自然环境，孕育、滋生、演化出福建文化特有的浓郁、鲜明的大山文化与海洋文化相融交织的地方特色。

福建素有"东南山国""海滨邹鲁"之称，负山傍海。其地势西北高，东南低。西北大山，武夷、杉岭诸山脉，位于闽赣边界，北接浙江仙霞岭，南通广东九连山。中部大山，"闽中屋脊"——鹫峰山、戴云山、博平岭三座山脉，呈东北—西南走向，切割福建南北，是内陆山区和沿海地区的划分线，绵延于政和、屏南、建瓯、古田、延平等地。文化本来就是在流动中吸纳百川，进步、发展、提升。然福建山海形胜，"山脉绵亘，道里崎岖，鸟道盘纡，羊肠迫隘，陆行百里，动需旬日"。春秋以前，福建北上通道与中原几乎隔绝，致使福建成为"化外之地"，文化长期处于"昙石"化、土著化的固化状态。

一个时代的历史确定了一个时代的文化。朝代每每更迭，福建文化活泼的元素因此一次又一次被激活。福建历代王朝统治者，对福建政治、经济、军事的管理、改革、开发，促进了福建文化的活跃、升级、发展。而满足福建文化交流、沟通、传播，又取决于陆路交通的开辟。秦代，福建并入秦朝，闽中郡设立。秦军入闽，取道"余干之水"，由江西信江，越武夷山脉，抵闽江上游一带，又沿闽江顺流而下，直达闽中郡的东冶（今福州）。闽北各地反秦起义，也取道"余干之水"北上，抵鄱阳。这是福建最早与中原各地来往的通道。汉初武帝时期，福州是当时海上交通的中心，由闽江口出港，南交交趾七郡，东接北方诸港。魏晋以降，孙吴入闽，设建安郡。晋末"衣冠南渡，八姓入闽"。福建至江西、浙江、广东三省陆路开通，中原汉族移民入闽，中原文化南传。北方汉人由闽北入闽，主要有三个通道：一由浙江江山诸山，经霞浦枫岭关入闽，分居浦城、崇安（今武夷山市）、建阳、建瓯等县的"福州官路"；一由江西鄱阳、铅山至崇安西北分水关入闽，分居崇安、建阳、建瓯等县，沿闽江水路到延平的"福州官路"；一由江西临川、黎川，经光泽西杉关入闽，分居光泽、邵武等县，循水路到延平会合"福州官路"。西路向东通道，由江西瑞金经汀州、清流，乘船下九龙滩，经顺昌会于延平，或避九龙滩，走将乐，经顺昌会于延平；向东南通道，由汀州陆路，经上杭、永定羊肠鸟道至漳州。东路，福宁、福州二府通道，由浙东沿海温州入闽，经福宁（今霞浦）、宁德、罗源、连江至福州。福建北、西、东环山通道都会合福州。大山陆路交通的开辟，将福建三分之二的区域连成一片，其余府县由福州南下，与莆田、泉州、漳州相连。福建陆路四方开通，形成福建与国内各地相互沟通，相互交流的联络网，对福建文化的发展、提升起着非常重要的作用。闽西北邵武、建宁、延平三府成了福建与外省交通的要冲，是大量北方汉民入闽的首居之地，以汉民族为主的福建主流社会开始建立。大山的力量，带来了中原儒家文化在福建的生根、发芽、发展、壮大，成了福建社会的主流文化。那是大山的文化。大山地灵人杰，孕育出一批福建文化代表性的大人物杨亿、柳永、朱熹、袁枢、真德秀、宋慈等。

宋元时期，陆路开通，大山文化与儒家文化相融一体日臻成熟。然闽道行阻尚未改变，而水路交通的重要性日益突显出来。除福州外，泉州、漳州二府地属晋江和九龙江流域，自然条件十分优越，既有泉州平原、漳州平原，又面向大海，对外海上交通便利。唐中叶，就已同东亚、东南亚，以及印度等国往来，福建对外贸易呈现"市井十洲人""船到城添外国人"的景象。宋元福建海外贸易空前繁荣，"海上丝绸之路"进一步开通，以泉州为起点和终点的交通航线六条：一、泉州至占城；二、泉州至三佛齐等地；三、泉州经马六甲海峡至印度、波斯湾；四、泉州经南三佛齐入波斯湾，沿阿拉伯海岸航行至亚丁湾及东非；五、泉州至菲律宾古国麻逸、三屿等地；六、泉州至高丽、日本。阿拉伯、波斯、印度、高丽等不同国家、不同民族、不同信仰的侨民纷至沓来，入居泉州。泉州成为福建对外文化交流的中心、"海上丝绸之路"的起点。另，明代漳州月港、清代厦门港是我国对外贸易重要的港口。海外各地不同文化在此交汇融合，盈溢着闽南文化浓厚的海洋色彩，标志着福建文化由内陆山区大山文化，由东北至西南向东南沿海地区转移，形成了大山文化与海洋文化相交织的、具有地方特色鲜明、内容丰富多彩的福建文化。其显著特征就是开放性、多元性、吸纳性，为福建文化传播走向世界，提供了非常有利的条件。

2024年10月15日至16日，习近平总书记来闽考察时强调，要在提升文化影响力、展示福建新形象上久久为功。推进文化建设是新时代统战工作的实践要求。在当前风云变化、复杂多变的国际形势下，向世界阐释推介福建优秀文化，展示八闽文化的个性特征与品格，是我们义不容辞的责任。

本丛书是一套研究福建文化对外传播历史通俗性、学术性的著作。它主要面向海外港澳台同胞和海外侨胞，国内民族、宗教界等人士及世界各国人民。编者从全面系统、丰富多彩的福建文化中，筛选能体现福建文化本质特征的"闽都文化""朱子文化""闽南文化""客家文化""妈祖文化"五个专题，分别加以论述。

闽都文化 闽都福州，别称三山。国家历史文化名城，福建文化对外交流的重要窗口。现为海峡两岸融合发展、交流合作重要承载地。福州文化主体是侯官文化。侯官"历宋元明皆无更革，及万历八年（1580）废怀安县，以其地并入侯官，而侯官所辖之境益大焉"。侯官优越的地理优势，领明末清初福州中西方文化交流风气之先，形成了海纳百川、开放多元、文明灿烂的福州文化。西方对福州最早的认知，起于明末大学士叶向高在其故居芙蓉园与"西来孔子"意大利人艾儒略之间展开的一场东西方面对面的对话——三山论学，它在西方广为流传。之前，艾儒略在西门外福州书院（共学书院）作"天命之谓性，率性之谓道"演讲，将朱子理学思想传入西方。近代，1865年美国传教士卢公明《中国人的社会生活》一书，真实记录福州人的社会生活，图文并茂将福州文化的方方面面传入西方。当下，生活在海外的福州移民华侨，是福州文化对外传播的主角，从参与商贸交往、宗教传播、工艺交流、留学交往、思想文艺传播，乃至福州饮食，打造福州文化与世界各国文化相互沟通、交流、借鉴的平台。

朱子文化 它是福建文化的精髓，集濂学、洛学、关学、闽学之大成，是中国人的思想智慧。它从大山汇融到中原，从福建走向海洋，是福建特色地域文化成熟的重要标志。朱子文化阐释儒学义理，整顿伦理道，提倡通经致用，议政理事，经邦治国，使儒学重新回归到中国传统思想文化的主体地位。明末，它以儒家文化的思想，首次与入华耶稣会士利玛窦传播的天主之学展开儒耶之争。此后，耶稣会士以朱子理学——中国人的智慧传入西方。迄今，传遍世界各国，如法国、德国、英国、瑞典、俄国、加拿大、美国。东方，朱子文化从朝鲜、而日本、而越南、而新加坡、而泰国。朱子文化对外传播，越来越多元化、多样化，倍受海外侨民的欢迎。

本丛书与国内其他地域文化对外传播及福建对外交流史诸书相比最大不同的是，其主要内容，突出两岸文化的相通与交融，尤其《闽南文化在海外》《客家文化在海外》《妈祖文化在海外》等三部书。它们以具体、详细的资料，阐明台湾地域文化形成、发展，与发祥自福建的闽南文化、客家文化、妈祖文化影响是息息相关的。福建是台湾文化的根。郑成功治台时期将大陆主体文化系统全面地带进台湾。无论是生产技术、商业贸易等物质文化，还是政治制度、宗教信仰、文学艺术、教育科举、风俗习惯、方言俚谚、音乐戏曲、建筑雕刻、绘画美术、民间信仰等人文文化，大部分都是由闽南人、客家人的文化向台湾地区传播和延伸的。闽南文化和客家文化是台湾文化主体的源流。

闽南文化 闽南与台湾一水之隔，闽南人移居台湾并成为主体居民，将闽南文化带到台湾，使其在台湾传承与融合，深刻地影响着台湾文化的形成与发展。闽南文化的主要特征：崇祖重乡的生活理念、敢拼会赢的精神气质、重义求利的价值取向、山海交融的行为模式。台湾同胞说闽南话的人最多，约占全台人口总数的80%以上。台湾闽南话的语音系统和福建本土闽南话几乎没有差别。闽南文化作为中华优秀文化的重要组成部分，其中所涵盖的"敢拼会赢""和谐共生""山海交融"等理念与实践，是其在新时代新发展的不竭动能。在闽南话对外传播中，发挥闽南华侨华人的功能，激发闽南文化的活力，有助于更好地推动构建人类命运共同体。

客家文化 汀州、漳州二郡是纯客家人的地区。客家文化是由北至闽赣粤迁移、流动的中原文化。它与闽南文化、台湾客家文化形成三角相互交错、相互影响、相互借鉴的客家文化的主要特征。明末客家人是所有大陆人中最早移居台湾的先驱。项南指出，"客家精神的内涵是很丰富的，其核心在于团结和奋进"，"客家文化继承和发扬了中华文化的精华,长期迁移史又养成了兼收并蓄取其长、开拓进取不保守的民风,使客家民系具有强大的凝聚力和生命力"。客家文化范围极广,形式多样,有客家方言、服饰与饮食、客家民居、乡神崇拜、客家民俗、山歌船灯戏、宗教社会、客家民性、耕读传家、客家思想观念等。福建客家文化在台湾得到继承与变迁,诚如谢重光所言:"从民系特有的性格,到岁时习俗、神明信仰、宗教心态,到流行和偏好的文艺形式,以及作为民系文化载体的方言等等,在台湾客家人中都得到全面的继承。"两岸客家文化的交融,在客家文化海外交流中走在了一起。

妈祖文化 以信仰作为福建文化对外传播的系列之一,妈祖文化充分体现了福建文化多元共存、共同发展的特性,是信仰文化与物质文化的融合体。它有具体可见的妈祖宫庙,从信仰中见建筑,从建筑中见信仰。福建文化的对外传播,在闽南文化、客家文化建筑中,又增添了妈祖文化建筑。台湾妈祖庙建筑亦深受闽南妈祖庙建筑风格影响。《妈祖文化在海外》以实物凸显了妈祖文化的真谛,以历史事实见证它在亚洲、美洲、大洋洲、欧洲、非洲世界五大洲传播,殊为难得。妈祖文化同样由福建移民的迁移而传进台湾。妈祖庙最早在明中叶由俞大猷在澎湖创建。台湾妈祖宫庙供奉的妈祖,均从湄洲分灵而来。不同祖籍的移民,供奉的神像不尽相同。湄洲岛一带妈祖庙分香入台,称为"湄洲妈",泉州人的妈祖庙称为"温陵妈",同安人的妈祖庙称为"银同妈",妈祖佑两岸,银同是归乡。一定时间内,这些宫庙都要回福建本庙进香。当下,也有台湾宫庙分灵大陆各省和香港。两岸宫庙缔结的《结盟书》,有漳州银同天后宫与彰化南瑶宫的《结盟书》:"缔结友好宫庙,永缔万世神盟";湄洲祖庙与嘉义新港奉天宫的《结盟书》:"为发扬妈祖信仰济世护航神圣懿德,发展乡邦宗教文化事业,增进胞谊亲情,敬修厥德,利用厚生,永结至亲,实赖神麻。"闽台妈祖文化是中华文化特殊而重要的一部分。妈祖文化的世界传播就是中国传统文化的世界传播。它与一带一路促进世界交通的连结是一样的，加强了世界各国文化与中国传统文化联系。两岸妈祖文化联袂对外传播，成为连接中外文化、沟通不同信仰、促进世界民心相通的纽带，融汇着世界多元的文化元素。2009年妈祖文化入联合国世界非遗名录。

福建文化从大山，走向海洋、走向世界，向世界各国人民传递的是：团结与奋进，发展与进步，友好与合作，信仰与沟通，文明与交流，安全与保佑。

福建以对文化自信与世界各国一道，为构建人类命运共同体做出了贡献。是为序。

2024年12月于金桥花园

（林金水，福建师大社会历史学院教授、博导，福建文史研究馆馆员。曾任省政协第八届、第九届委员、第十届常委。）

序一

潘宏立

首先衷心祝贺萧弘德教授大作《妈祖文化在海外》的出版问世！众所周知，历史上发祥于福建沿海的妈祖信仰文化随着华人的海外移居及中外文化交流而在世界许多地区得以广泛传播与发展。这不仅是学术界关注研究的课题，近年来也是一般民众有兴趣了解的中外文化交流之重要内容。

本书作者萧教授历来关注世界妈祖文化的传播及有关活动，这亦是其长期的学术研究兴趣之一。本著作的研究方法主要为资料搜集法，搜集中国大陆、台湾、港澳及东南亚、日韩、美澳等国家和地区的相关文献资料，分析比较不同的来源，加以交叉比对与印证，力求得出客观结论。同时亦亲自前往新加坡、马来西亚等地进行实地调查研究，并注意吸纳中国大陆、台湾以及日本、美国的妈祖文化研究同行及相关单位朋友的实地调研等资料及其成果。多方面的资料搜集构成了本著作的重要基础。

正如作者所言，本著作并不是世界妈祖文化的普遍描述，而是挑选世界各地妈祖文化里较有意义与较特殊的部分加以描述，并举例介绍各地重要的妈祖文化，分析世界妈祖文化的传播路径与影响。因此，本书的特色就是对妈祖信仰文化在世界上的传播发展状况的描述，既有从古至今的时间深度又有世界不同地域的广度，可谓是紧紧把握住了时空的跨度与广度，五大洲四大洋面面俱到，但又提纲挈领、突出要点、深入浅出、通俗易懂，对妈祖文化在世界的传播及影响悉心做了系统的梳理与描述，勾勒出一幅清晰的文化传播画卷。本书对于专业研究人士而言提供了研究线索，对于一般读者来说犹如听作者讲故事般娓娓道来，环环相扣，轻松有趣，可读性强。

作为旅日文化人类学者的我，近年注重对于日本妈祖文化现状的田野调查研究，北至妈祖文化传播到的日本本州最北端的青森县大间、南至冲绳群岛的石垣岛，实地调查研究妈祖文化在日本各地的传承与演化。阅读本书亦可知，相较于其他国家，妈祖信仰最早传入的是东邻日本，早在15世纪前后，妈祖信仰就已传入冲绳群岛、16世纪中叶进一步传至九州西南沿海一带、18世纪前后甚至传到了本州最北部的青森县。在长期的历史过程中，日本的妈祖信仰文化呈现出保留在华人社区中的中国传统妈祖信仰文化与融入日本文化的神佛习合的妈祖（天妃）信仰共存的特点。2023年12月在大阪闹市的西成区，来自妈祖故乡福建的华商们刚刚兴建落成了一座融合中日建筑风格为一体的崭新的妈祖庙。

但正像本书所详述的那样，妈祖信仰文化在华侨华人众多的东南亚的传承与影响更是持续而广泛，而近几十年来，随着华人影响力的扩大，在欧美、澳洲、拉丁美洲，甚至在非洲，妈祖文化的影响与日俱增。而这也是两岸妈祖信众共同努力的结果。通过萧教授的这部著作，可深刻感受到妈祖文化的世界影响力，并为其感到骄傲！谨此为序。

（潘宏立，日本京都文教大学教授。）

序二

蔡相辉

妈祖文化是清代中央政府祀典的中祀，中国沿海、沿江各省的庙，官员在春秋二祭需往致祭。1929年即民国18年政府废除官方祀典，妈祖文化变成庶民文化，也有学者称为民间信仰，较不受政府重视；1949年后的中国大陆，宗教与信仰也非学术主流议题，它的历史完整性，非常欠缺。

1972年余就读中国文化大学史学系时，纠合同好创立台湾文化研究社，追随民俗学者林衡道教授从事台湾民俗文化调查研究，即与妈祖文化结了不解之缘。1989年出版《台湾的王爷与妈祖》，畅销一时，被远见杂志社选为进入公元2000年台湾人必读之100本书之一。同年又为北港朝天宫编纂了《北港朝天宫志》，开创台湾宫庙志引用史料注明出处之例。

1997年，湄洲妈祖来台湾巡游100天，轰动全台。当时台湾电视公司主持人刘丽惠小姐邀请我于桃园国际机场现场实况转播时讲解。当时来台的妈祖元始金身石像究竟是不是原始妈祖引发各界争议。为解决此疑问，我在次年春从《天妃显圣录》《莆田县志》及宋元明三朝莆田学者文人著作整理出一份史迹考察地点及家族名单，亲赴福建进行12天的田野调查。确定妈祖元始金身的来龙去脉。乃有此后《妈祖信仰研究》《天妃显圣录与妈祖信仰》《妈祖信仰与北港朝天宫》等著作的出版。研究妈祖文化需耗费大量的体力、精神是可以体会的。

萧弘德君毕业于中国文化大学，获澳洲国立大学颁授博士学位，曾任职于台湾"中央大学"与福建莆田学院妈祖文化研究院，对妈祖文化素具研究兴趣，返台时曾数度会晤讨论台湾的妈祖文化问题，现在更扩大研究范围至海外地区，今所著《妈祖文化在海外》即将出版，为"福建文化海外传播"丛书之一。索序于余。观其书，文笔清新，内容简略但视野宽广，是一本介绍海外妈祖文化颇有价值的参考书籍。值出版前夕，聊撰数语为之介绍。

（蔡相辉，台湾妈祖文化研究协会理事长。）

序三　世界妈祖·多元灿烂

张桓忠

　　海外妈祖文化是萧弘德老师的研究兴趣，他博学广知。近年来，台海两岸研究妈祖之著述，如雨后春笋；然而，对于妈祖文化外国传播的介绍，则显得稀少。萧教授本书无疑是具有开创性的。妈祖信俗源起宋代，文化贯穿千年岁月。妈祖以立德、行善、大爱之悲智形象，深受信徒的敬仰和爱戴，被视为护佑渔民、航海者及所有信徒的守护神。随着时间的推移，妈祖信仰从莆田湄洲岛，随着移民和海外华人，远渡重洋，传承发展。当下，妈祖的信俗已经不再是局限于中国的传统信仰，而是成为连接中外文化、沟通不同信仰的纽带，融汇着多元的文化元素。

　　本书分十多章，除首章说明妈祖文化基础外，有五章聚焦在东南亚，介绍妈祖文化在马来西亚、新加坡、越南、柬埔寨、泰国、缅甸、菲律宾、印尼、文莱的踪迹，另有一章说明 21 世纪妈祖三下南洋的过程与意义；两章分别陈述妈祖文化在日本、朝鲜半岛的传播发展；有三章讲述妈祖文化在美国、加拿大、中南美洲、大洋洲的传播过程；一章说明妈祖文化在欧洲的踪迹；一章叙述妈祖文化在非洲的踪迹；最后，总结妈祖文化在海外传播的内容、特征、路径、重要事件与影响，并提出应以包容的态度面对各国妈祖文化的多元发展。

　　透过本书介绍，可以认识世界各地的妈祖信俗与发展，能够感受到妈祖文化的生命力和深远影响。妈祖的信众们以虔诚的心灵，共同构建起一个跨越国界、超越种族、传承千年的文化共同体；妈祖文化已超越了宗教信仰的范畴，成为一个开放、包容、传统与现代相融合的文化现象。

笔者以为，本书探索世界妈祖文化的深厚内涵，解读其在各个国家和地区的传承与发展。通过书中呈现的妈祖的故事、庙宇、祭祀仪式以及信仰活动，我们将一同追溯这一文化的历史脉络，感受妈祖在世界范围内的独特魅力。本书探讨世界妈祖文化的内涵与特色，领读者走进一个神秘而古老的文化世界。透过本书，我们将踏上一场关于世界妈祖文化的探索之旅，深入了解这个连接人与神、传统与现代的神秘世界，感受妈祖文化的深邃内涵，共同见证这个世界因妈祖而变得更加丰富、多彩多姿。

（张桓忠，台湾中台科技大学教授。）

目 录

壹　序　论 / 1

一　写作方法论 / 2
二　妈祖文化促进世界文化的连结 / 3

贰　妈祖文化基础 / 5

一　960 年诞生 987 年升天，1086 年建庙 1123 年赐顺济 / 6
二　妈祖文化在南宋时的批评、称颂、传说 / 10
三　1431 年郑和天妃灵应碑显示明朝海军敬妈祖 / 14
四　1661 年郑成功祭拜妈祖驱逐荷兰收复台湾 / 18
五　文化内容续千年，宋、元、明、清帝国敕封 / 21
六　2009 年妈祖文化入联合国世界非遗名录 / 24

叁　妈祖文化在马来西亚的传播 / 27

一　1673 年建青云亭，祀观音与妈祖 / 28
二　1945 年创马六甲兴安天后宫，分灵湄洲与大甲 / 30
三　1987 年建雪隆天后宫，华美为婚礼要地 / 34
四　马来西亚八座宫庙有台湾北港分灵妈祖 / 37
五　慈后妈祖阁分灵福建与台湾七个宫庙 / 38
六　在马来西亚的传播现象与影响 / 39

肆 妈祖文化在新加坡的传播 / 41

    一 1819年创粤海清庙祀妈祖与玄天上帝 / 43

    二 1840年创福建会馆天福宫祭祀妈祖与孔子 / 44

    三 1920年创兴安会馆天后宫，2017年新殿开幕 / 47

    四 1937年西河别墅林氏宗亲会奉妈祖 / 50

    五 万天府分灵台湾彰化护圣宫妈祖 / 50

    六 在新加坡的传播现象与影响 / 51

伍 妈祖文化在越南的传播 / 53

    一 明朝中末期大明商人到越南会安经商 / 55

    二 1679年郑成功水军撤往越南，明乡人维持习俗 / 56

    三 1690年建会安福建会馆天后宫香火至今 / 57

    四 西贡1730年霞漳会馆与1760年穗城会馆香火旺 / 58

    五 2005年越南台商创建巧圣庙也祭妈祖 / 60

    六 2018年湄洲妈祖分灵越南珠洋市天后宫 / 61

    七 在越南的传播现象与影响 / 63

陆 妈祖文化在柬埔寨、泰国、缅甸的传播 / 65

    一 柬埔寨2016年建持法妈祖宫分灵自台湾云林 / 66

    二 泰国1851年曼谷建四丕耶七圣妈庙 / 66

    三 泰国2006年新创南瑶宫台商分灵自台湾彰化 / 68

    四 缅甸1863年创建的仰光庆福宫香火仍旺 / 69

五　在柬埔寨、泰国、缅甸的传播现象与影响 / 70

柒　**妈祖文化在菲律宾、印尼、文莱的传播** / 71

　　一　菲律宾1977年建隆天宫成为观光胜地 / 72
　　二　菲律宾2018年慈航禅寺到湄洲分灵妈祖 / 74
　　三　印尼1819年兴建的美娜多万兴宫维持传统 / 75
　　四　印尼1823年建福善宫，2015年湄洲进香 / 75
　　五　印尼2018年分灵湄洲妈祖至东爪哇三保庙 / 77
　　六　文莱2007年圣后宫到湄洲祖庙进香 / 78
　　七　在菲律宾与印尼的传播现象与影响 / 79

捌　**21世纪三下南洋，彰显东南亚妈祖热情** / 81

　　一　2017年马来西亚、新加坡巡安 / 82
　　二　2018年菲律宾巡安 / 86
　　三　2019年泰国巡安 / 89
　　四　妈祖21世纪三下南洋意义 / 92

玖　**妈祖文化在日本的传播** / 93

　　一　1424年琉球王国（冲绳县）建下天妃庙 / 94
　　二　1624年创兴福寺，长崎"唐四福寺"当地著名 / 97
　　三　1690年心越茨城祭天妃，后并弟橘媛神社 / 99

四　2006 年创横滨妈祖庙，2013 年建东京妈祖庙 / 101
　　五　2011 年台湾新港奉天宫分灵京都妙心寺 / 105
　　六　青森妈祖游行保佑渔业丰收，箱根也祀妈祖 / 106
　　七　2023 年 12 月大阪关帝·妈祖庙新创落成 / 107
　　八　2024 年石垣岛妈祖宫建设中 / 108
　　九　在日本的传播现象与影响 / 109

拾　妈祖文化在朝鲜半岛的传播 / 111

　　一　1598 年陈璘在朝鲜半岛建庙祭关公与妈祖 / 113
　　二　1893 年仁川建义善堂外观纯粹中华样式 / 115
　　三　2001 年建慈母宫——韩国人在台建妈祖庙 / 115
　　四　2006 年建釜山韩圣宫由台湾分灵妈祖 / 116
　　五　在朝鲜半岛的传播现象与影响 / 117

拾壹　妈祖文化在美国的传播 / 119

　　一　1889 年始檀香山林西河堂天后宫有特色 / 120
　　二　美国 1986 年建旧金山朝圣宫春节游行常获奖 / 122
　　三　1986 年建休斯敦天后庙分灵自台湾鹿港 / 123
　　四　1990 年建洛杉矶天后宫逐渐成为观光景点 / 124
　　五　2006 年纽约建圣母宫后分灵大甲妈祖 / 125
　　六　2015 年纽约建美国妈祖庙活动多 / 126
　　七　2019 年专机由台湾护送妈祖至威斯康星州 / 127

八　2022年华盛顿州建妈祖文化园分灵台湾南瑶宫 / 130

　　九　在美国的传播现象与影响 / 131

拾贰　妈祖文化在加拿大与中南美洲的传播 / 133

　　一　加拿大2018年联邦及省议员祝贺妈祖诞 / 134

　　二　巴西圣保罗市至少三次妈祖分灵 / 136

　　三　苏里南2016年分灵湄洲妈祖至其福建会馆 / 137

　　四　智利2018年分灵妈祖至伊基克——两万公里远 / 138

　　五　在加拿大与中南美洲的传播现象与影响 / 139

拾叁　妈祖文化在大洋洲的传播 / 141

　　一　澳大利亚源于1987年的墨尔本天后宫建筑壮丽 / 142

　　二　澳大利亚1991年建悉尼天后宫活动热络 / 145

　　三　瓦努阿图共和国2018年分灵湄洲妈祖 / 147

　　四　在大洋洲的传播现象与影响 / 149

拾肆　妈祖文化在欧洲的传播 / 151

　　一　葡萄牙称澳门为Macau，即妈阁 / 152

　　二　荷兰1670年出版著作，妈祖庙古画宏伟 / 153

　　三　德国、法国皆有分灵自台湾的妈祖 / 154

　　四　意大利2016年福建华商会分灵湄洲妈祖 / 155

五 在欧洲的传播现象与影响 / 156

拾伍　妈祖文化在非洲的传播 / 159

一 南非 2001 年建开普敦朝天宫巡安四千公里 / 160
二 津巴布韦 2010 年自台湾北港分灵建庙 / 161
三 毛里塔尼亚 2015 年也有湄洲分灵妈祖 / 162
四 尼日利亚 2021 年分灵妈祖至拉格斯 / 163
五 乌干达 2022 年分灵湄洲妈祖 / 164
六 莫桑比克 2022 年贝拉市新建天后宫 / 164
七 在非洲的传播现象与影响 / 166

结语 / 167

一 内容：1945 年后海外新妈祖庙多，海外较信神 / 168
二 特征：至 2023 年湄洲祖庙妈祖分灵 49 国规模盛 / 170
三 路径：台湾北港朝天宫等传播妈祖文化贡献大 / 173
四 事件：妈祖文化海外传播的历史地理分期 / 177
五 影响：妈祖文化海外传播各国不同 / 181
六 各国妈祖为民间信仰或宗教？尊重不同看法 / 184

附录 / 188

参考文献 / 191

后记 / 193

壹 序论

一 写作方法论

本著作为"福建文化海外传播"丛书之一，其中所指海外并不含台湾、香港、澳门。但台湾的妈祖宫庙对世界的妈祖文化传播有相当影响，故也叙述之。本文注重湄洲祖庙与台湾重要妈祖庙分灵外国的情况。很多有分灵妈祖的外国妈祖宫庙，与湄洲祖庙或台湾祖庙仍常联系，形成一个很特殊的国际文化桥梁，也促进中华世界的国际友谊。

本著作也特别注意1945年后新创妈祖庙的影响。过去很多研究海外妈祖的相关著作，过于注重历史较久的妈祖庙，实际上很多新创建的妈祖庙影响力更大，能募到更多的善款，宫庙建筑更宏伟，信众也更多。宫庙的经营情况也会有很大影响。例如马六甲兴安会馆天后宫活动众多，建筑也逐渐扩充，影响力可比马来西亚历史悠久的青云亭（主祭观音，陪祭妈祖）。

当地华裔、华侨与非华裔对妈祖文化的参与情况，也是写作重点。虽然说绝大部分妈祖文化的海外信众以华裔、华侨居多，但非华裔、或含华裔混血的外国人也有，尤其是在越南，妈祖文化与关公文化可说是其传统信俗文化。另外就是日本的青森，已融入当地传统活动。其他地方妈祖文化仍主要是华裔、华侨、越裔的信仰。妈祖文化对华裔、华侨的向心力有影响，对两岸关系有影响，对中华传统文化的世界传播也有作用。

妈祖文化海外传播已有一些相关著作与论文。例如：《论妈祖信仰的国际化与地方化——以新加坡妈祖信仰为例》《马来西亚巴生县区的妈祖信仰》《千、顺将军赴大马伴妈祖》《日本东京妈祖庙安座大典，冠盖云集》《妈祖信仰在美洲》《妈祖文化在美国的传播与在地化研究》《原来非洲也有妈祖庙》。《一带一路视野下妈祖文化传承发展研究》提到不少海外老妈祖庙,缺乏最近妈祖宫庙。《文化妈祖研究》有列出海外妈祖宫庙表,无详细资料。目前全面的观察与分析较少。而且对很多海外妈祖文化的描述,偏重20世纪中叶以前,较缺乏近年的最新发展。

本著作研究方法主要为资料搜集法,搜集大陆、台湾、港澳及东南亚、日韩、美澳等地的相关资料,获得各国友人的协助。另有资料分析法,分析不同来源的资料,并加以交叉、比对、印证。例如日本资料认为日本有中华以外最多的妈祖庙,越南资料认为越南有中华以外最多的妈祖庙,本书经过比对得出客观结论。

还有亲自调研法,主要是去新加坡、马来西亚及日本朋友处、美国朋友处、台湾妈祖文化研究协会朋友处等进行实地调研。特别是湄洲祖庙吴国春先生与北港朝天宫前总干事陈建阳先生等,他们提供了湄洲祖庙与北港朝天宫妈祖分灵世界多国的机要资料,这些是本文研究的重要基础。在台湾教学时,曾至新加坡与吉隆坡调研,成果置于笔者的《海外中华》著作。这也是本书写作的重要启始。

二 妈祖文化促进世界文化的连结

世界员工最多的制造业企业鸿海(富士康),世界大航海公司长荣海运,是跨国大企业,它们的老板,却也可说是妈祖信众的重要代表。妈祖文化绝不只是中下层民众的信俗文化。在21世纪它仍然对广大海内外中华人民具有浓厚吸引力。因仍具有吸引力,才能在21世纪继续分灵分枝多国。妈祖文化的世界传播,其实也是中华传统文化的扩大。

　　妈祖文化可说是中华文化特殊而重要的一部分。妈祖文化的世界传播就是中华传统文化的世界传播，妈祖文化的多国分灵，促进中华文化散播于多国，这与"一带一路"促进世界交通的连结是一样的。中华传统文化含妈祖文化的世界传播，正加强世界各国与中国的文化联系。

　　妈祖除在中华各地有丰富的遗迹，在海外各国的足迹与故事也十分丰富，这是福建文化传播海外各国的具体事绩，也是福建文化对中华文化与世界文明的重大贡献，也是谈文化自信不可忽略的。世界妈祖文化传播的重要意义，在于其发扬了中华传统信俗文化，并促进了世界文化的连结。故本著作介绍不同国家的妈祖文化传播与足迹，以了解妈祖文化的世界影响力。

贰 妈祖文化基础

一 960年诞生987年升天，1086年建庙1123年赐顺济

1. 重要妈祖文献之描述

妈祖（俗名林默），多数文献记载出生于北宋太祖建隆元年（960年）农历三月二十三日，升天于宋太宗雍熙四年（987年）农历九月九日（但也有文献记载为五代末年），享年28岁。较多数资料认为妈祖出生于今福建省莆田市湄洲岛，也有记载出生于湄洲岛对面的贤良港；其实二者相距不远，妈祖与家人在两地都活动也合理，相隔海峡只有约三公里。今贤良港天后祖祠香火也不错，祠旁妈祖"窥井得符"的古井仍在。传言妈祖出生不哭不闹，因而取名为默，小名默娘，因此又称林默娘。

妈祖的生卒年与家世，不同的史料中有记载。南宋李丑父《灵惠妃庙记》载："妃林氏，生于莆之海上湄洲。"南宋李俊甫《莆阳比事》载："湄洲神女林氏，生而灵异。"明朝张燮《东西洋考》提道："天妃世居莆之湄洲屿，五代闽王林愿之第六女，母王氏。妃生于宋元祐八年三月二十三日。始生而变紫，有祥光，异香。幼时通悟秘法，预谈休咎无不奇中。雍熙四年二十九日升化。"[1]这些记载皆认为妈祖出生与居住都在今日莆田市的湄洲岛。而农历三月二十三日就成为祝贺妈祖圣诞的日子。

明代严从简之《殊域周咨录》记载："天妃，莆田林氏都巡之季女。幼契玄机，预知祸福。宋元祐间遂有显应，立祠于州里。"[2]根据这资料，宋朝元祐年间，就有立祠奉祀妈祖。元祐

---

[1] 张燮（1617年，明万历四十五年）《东西洋考》。
[2] 严从简（1574年，明万历二年）《殊域周咨录》。

是北宋哲宗的第一个年号，元祐年间为公元1086至1094年，共九年，也就是说，妈祖987年升天，可能约103年后就被尊为神明，受到祭祀。

清代杨俊之《湄州屿志略》描述："湄州在大海中。林氏林女，今号天妃者生于其上。"清朝《长乐县志》载："相传天后姓林，为莆田都巡简孚之女，生于五代之末，少而能知人祸福。室处三十载而卒。航海遇风祷之，累着灵验。"《莆田九牧林氏族谱》则记载妈祖是晋安郡王林禄的第二十二世孙女。

从南宋到清代，绝大多数史料公认天妃姓林，生于湄州屿，自幼有异能。具体生日，虽只见于《东西洋考》，但农历三月二十三日被全世界妈祖信众奉为妈祖生辰，举行庆典，已是悠久的传统。近代有学者认为，妈祖是从中国闽越地区的巫觋信仰演化而来，在发展过程中吸收了其他民间信仰如千里眼、顺风耳等传说故事。随着影响力的扩大，又纳入儒家、佛教和道教的因素，最后逐渐从诸多海神中脱颖而出，成为中华文化海神的代表。

清朝江苏常州文学家赵翼《陔余丛考》又特别提及"台湾往来，神迹尤着，土人呼神为'妈祖'"[①]。台湾的澎湖群岛很早就有澎湖天后宫，荷兰一度占领，后为明朝水师驱逐，双方在澎湖天后宫内谈判，双方都有纪录留下。台湾本岛则开始传播于明朝末年颜思齐、郑芝龙等。其后郑成功、施琅都非常看重妈祖信仰，台湾的妈祖文化无中断，持续昌盛。今日台湾各县市妈祖庙特别多，活动热络，且经常有大规模绕境等活动。应该可说是21世纪大中华及世界各地妈祖文化较隆盛的地方。

妈祖信仰文化自福建逐步传播到浙江、广东等沿海省份，上

---

① 赵翼（1727—1814），清朝江苏人。《陔余丛考》卷三十五载，台湾往来，神迹尤着。土人呼神为"妈祖"。倘遇风浪危急，呼"妈祖"，则神披发而来，其效立应；若呼"天妃"，则神必冠帔而至，恐稽时刻。

海、南京、山东、辽宁沿海均有天后宫或妈祖庙分布。琉球、日本、越南的妈祖文化传播颇早；而泰国、马来西亚、新加坡等地的传播则主要是19世纪海外华人带过去的。美国、加拿大、澳洲的妈祖文化则主要是20世纪的发展。

2. 1086年李富建庙，1123年宋徽宗赐顺济

《天妃显圣录》[①]是研究妈祖文化的重要文献，其中记载妈祖自宋代以来的历朝封诰，及有关的传说事迹。并列有五十四则自宋至清有关妈祖灵应的事迹。明朝末年成书与出版，并于清朝初年有增修部分内容。原来底本《显圣录》作者不明，首位编撰者为明朝人林尧俞[②]。其后由照乘和尚进行出版。

雍正年间照乘徒孙通峻再次改版《天妃显圣录》，除增收蓝廷珍（与台湾台中万春宫有关）之《题请匾额奏折》外，并可能为了平衡施琅平台功绩，增加七则与姚启圣相关之神迹，惟此七则传说皆有文无目，目次中并无这七则传说。

"枯楂显圣"是《天妃显圣录》五十四则妈祖事迹之一，记载妈祖显灵与"制干李公"建庙的事迹，李公即李富。内文如下：

宋哲宗元祐元年丙寅，莆海东有高墩，去湄百里许，常有光气夜现。渔者疑为异宝，伺而视之，乃水漂一枯楂发焰，渔人拾置诸家。次晨视之，楂已自还故处。再试复然。当夕托梦于宁海墩乡人曰："我湄洲神女，其枯楂实所凭也，宜祀我，当锡尔福。"父老异之，告于制干李公。公曰："此神所栖也，吾闻湄有神姑，显

---

① 《台湾文献丛刊077 天妃显圣录》。
② 林尧俞为莆田人，万历十七年进士，历史上莆田进士特多。天启三年任礼部尚书，天启五年，受魏忠贤等人攻击，去职还乡。根据其《天妃显圣录》序文，林尧俞返莆田时，因为阅读《显圣录》这一书，知天妃英灵昭著，故希望将天妃纳入国家祀典之中。

迹久矣。今灵光发见昭格，必为吾乡一方福，叨神之庇，其在斯乎。"遂募众营基建庙，塑像崇祀，号曰"圣墩"。祷应如响。

宋哲宗元祐元年丙寅，即为公元1086年，即圣墩（增）祀妈祖之年，即建圣墩妈祖庙之年。注意此未明信陪祀或正祀。妈祖诞生于960年，逝世于987年，也就是说圣墩庙开始祭祀妈祖于妈祖逝世后99年。

"枯楂显圣"这一传说是圣墩顺济庙建庙的重要依据。"莆海东有高墩"，故可能圣墩顺济庙距海不远；"去湄百里许"，离湄洲岛大约百里，古代百里即50公里；这些都是找寻圣墩顺济庙的重要指标之一。枯楂"塑像崇祀"，故最早妈祖庙即有妈祖塑像，且为木头所雕塑。

宋朝廷赐"顺济"庙额意义重大，黄四如《圣墩祖庙新建蕃厘殿记》有清楚记载，内容如下："赐顺济始于何时？妃护给事中路公允迪使高丽舟，以李公振请于朝也。"李振名望似不如李富高，《莆田县志》并无其传记，仅《白塘李氏宗谱》载李振为李富之堂弟，随路允迪使高丽归，授承信郎，年三十九卒。《白塘李氏宗谱》"宋征辟敕授"项下有李振的记载，内容提道："振，允迪使奉使册高丽，授承信郎。"

现存关于妈祖最早的文献之一，是南宋廖鹏飞于绍兴廿年（1150年）所写的《圣墩祖庙重建顺济庙记》，内文提道："世传通天神女也。姓林氏，湄洲屿人。初以巫祝为事，能预知人祸福……"他认为，妈祖生前或曾从事巫祝之事，也就是说，妈祖或曾从事一些与宗教有关的活动。

此文又提道（宣和五年，即1123年）："越明年癸卯，给事中路公允迪使高丽，道东海，值风浪震荡，舳舻相冲者八而覆溺者七，独公所乘舟有女神登樯竿为旋无（舞）状，俄获安济，因诘于众，时同事者保义郎李振素崇奉圣墩之神，具道其详。还奏诸朝，诏以（顺济）为庙额。"

由于李振说明安全渡海是因湄州女神显灵，于是路允迪返国后上奏朝廷请封，宋徽宗皇帝听后，诏赐"顺济"庙额。从此妈祖信仰开始由民间私祀转化为公开的信仰文化，李振与路允迪对妈祖文化传播功劳不少。其后南宋高宗继续封其为"灵惠夫人"，颁庙额与封号，可说这个信仰文化已被中华中央政府所承认。

莆田圣墩顺济庙是第一座中央朝廷赐名的妈祖庙，敕封于南宋初年。但详细遗址所在今日仍有争议，有不同的说法。2023年最新研究《寻找第一座敕封妈祖庙：顺济庙遗址在吉祥寺新研究》[1]，提出新的假设，圣墩顺济庙原址即镇前村目前最重要的古迹——宁海桥北岸内侧旁的吉祥寺。这是受到蔡相光辉、林国平、陈春阳、刘福铸等学者研究的启发。离洋田地块不远，离五显宫也近。虽然现存吉祥寺碑与乾隆时的《莆田县志》并无提到。

二 妈祖文化在南宋时的批评、称颂、传说

1. 妈祖传说故事

既然是传说故事，所以很多部分并非真实。综合各家，大致妈祖生平传说故事如下：

妈祖是以中国东南沿海为中心的海神信仰，又称天上圣母、天后、天后娘娘、天妃、天妃娘娘、湄州娘妈等。妈祖有两大部将，就是为妈祖察、听世情的千里眼与顺风耳。据宋代史料文献记

---

[1] 萧弘德《寻找第一座敕封妈祖庙：顺济庙遗址在吉祥寺新研究》《妈祖信俗研究》第六期2023年出版（谢瑞隆主编）。

载，妈祖姓林名默，民间称林默娘，其"娘"字乃对女子的称呼，而非其名，福建莆田湄洲人，其祖先原籍河南，代代均是官高爵显，更是福建望族之一。父亲林愿，宋朝初年为官福建都巡检，母亲王氏。所以妈祖不是渔家女。

妈祖出生之前，父母已有一男名洪毅及五个女儿，唯独子体弱多疾，伤感一子单薄，因而朝夕焚香祝天，祈求再赐麟儿，以光耀林家宗嗣绵延。公元960年，忽有一道红光昌莹夺目，从西北方射入王氏房内，异香氤氲不散，王氏俄而娩，不料又生下一个女婴，大失所望，由于时显有祥瑞征兆必非等闲之女，也就特别疼爱，因为出生至弥月间都不曾哭啼，便给她取名林默，亦是当今民间所崇奉的妈祖。

十六岁那年时入秋，有日父兄轻出海未返，天气突变，飓风大作，狂涛怒撼。当时妈祖正在屋内织布，预感父兄驾舟在海上必然凶多吉少，时刻都有沉船的危险，顿然伏在织布机上只目紧闭，一手持梭，一手拉线，脚踏机轴，神色像似乘风破浪。此刻母亲王氏在旁见状，呼她不应，就拉她手臂，妈祖醒来一声惊叫，手中的梭掉地倒翻，伤心含泪哭说："阿爸救上无恙，阿兄沈海殁矣。"

原来妈祖伏在织布机上时已入定出神，脚踏机轴宛如站在舟上，一手拉着父亲船头碇绳，另一手掌着其兄船舵，突为母亲拉醒，手中持梭摔地，其兄的船翻沉了。不久林愿从海上回来一路哭啼，王氏不见儿归，心里已知遇难，即刻悲昏厥于地，次日巨浪未静，妈祖奋勇驾舟出海，终于在茫茫大海中找到兄尸捞回安葬。此次救父寻兄的孝悌事迹，即刻传遍乡里，无不尊称她为"神姑"。

公元987年，妈祖二十八岁，农历九月九日，那天妈祖特别早起，梳洗换装，涂脂抹粉，盛装打扮似仙女一般美丽，步出闺房，低头轻语向几个姐姐告别说："今日乃重阳佳节，我欲登高远游以畅素怀。万望诸姐，孝敬双亲，共享天伦之乐。"并依依不舍拜别双亲而去湄屿。九九重阳秋高气爽，湄洲山上金菊盛开，海风轻拂，潮音盈耳。妈祖缓步登上湄峰，站在一处摩崖巨石上，举目观澜，碧海连天，风平浪静，渔帆点点。回顾湾内，水中有山，山外有海，山海奇观。

这时从天空飘来一朵巨大彩云，传来阵阵轻妙鼓乐笛声，顷刻湄峰香雾缭绕，妈祖端立彩云上，冉冉升空，此时岛上渔民百姓望见万里晴空有片艳丽缤纷彩云腾空而上，又隐约闻见悦耳的丝管仙乐之声，云中许多金童玉女，握旌旗，顶彩伞，若隐若现簇拥着妈祖升天了。

2. 宋朝时妈祖有称颂也有批评

妈祖文化的发展初期，也曾受到部分学者的批评，这可能较少被提及，但也是这个文化曾经的经历。宋朝学者陈淳（1159—1223），字安卿，号北溪，中国福建龙溪县游仙乡龙州里（今漳州市龙文区）人，为南宋时期理学家，师从朱熹，著有《北溪字义》。绍熙元年（1190年），求教于朱熹，朱熹以"穷究根源"勉励之。陈淳曾批评过妈祖文化。陈淳在其文章《上赵寺丞论淫祀》中，形容妈祖信仰为"莆鬼"（莆田的鬼神）、她的家乡漳州的妈祖文化为"淫祀"。这可能是现存宋代文献中，对妈祖最为严厉的批评。

他的理由主要有二：一、进入祀典的神，应该要有明显的道德与功勋。文中举祭祀开漳圣王的威惠庙为例。开漳圣王即陈元光将军，唐朝初年时随父亲陈政南征，父过世后，领导当地，上书创建漳州府，其对漳州建设很有贡献，并于征伐畲族中为国牺牲。而妈祖生前并无明显道德功业。二、妈祖与漳州无任何关系，妈祖生前并无记载曾到过漳州，或有任何功劳贡献于漳州[①]。

所以可得知，南宋时妈祖文化已由莆仙传播至漳州，当地已有不少妈祖祭祀，以致引起漳州当地学者陈淳的不满。而当时对妈祖信仰文化也有不同的看法。福建漳州府与泉州府是世界闽南语的大本营，也是台湾六成多人的祖籍地。

另一学者也是宋朝官员则看法不同。刘克庄（1187—1269），初名灼，字潜夫，号后村居士，福建莆田城厢人。吏部侍郎刘弥正之子，为南宋爱国诗词家，江湖诗派人物。历任枢密院编修、中书舍人、兵部侍郎等，官至龙图阁直学士。他写了许多歌颂妈祖的诗文。如其《三月二十一日泛舟十绝》（其七）写道："虽沉璧马计安施，倏忽桑田变渺弥。说与神通君看取，潮头不改艮山祠。"另一首诗，更加歌颂妈祖——"灵妃一女子，瓣香起湄洲。巨浸虽稽天，旗盖俨中流。……"

此外当时还有学者、官员同样非常推崇妈祖。陈宓（1171—1230），字师复，号复斋。学者称复斋先生，福建莆田人。父陈俊卿，南宋名相；宓为第四子。年轻时与其兄陈守、陈定一起师从朱熹，后从黄榦游，以父荫入仕，曾任泉州南安盐税，主管南外睦宗院；知安溪县令；入监进奏院，迁军器监簿；知南康军；知南剑州。终官直秘阁，主管崇禧观。谥文贞。著有《复斋先生龙图陈公文集》二十三卷。绍兴二十九年（1159年）父陈俊卿捐地建白湖庙，40多年后翻修，陈宓为此写了《白湖顺济庙重建寝殿上梁文》，主要是歌颂妈祖的神威。

南宋时，妈祖信仰文化已传播至福建省漳州等地，而社会上可说有批评也有称颂。称颂者主要为莆田仙游人。而莆田在宋代产

[①] 可参考林东杰（厦门大学人文学院2014级博士研究生）《南宋朱子后学与妈祖信仰的传播》。

生了很多进士与官员,加强了妈祖文化的地位。

三 1431年郑和天妃灵应碑显示明朝海军敬妈祖

明朝初年1405年至1433年,明成祖皇帝与明宣宗皇帝时期,郑和的七下西洋是中国航海史与海外发展史上的大事。郑和是总兵,就是某一军区的最高军事首长。英语常称郑和为Admiral Zheng He,直译就是海军上将郑和。郑和是军人,他每次航海率领的是两万多军士的海军,执行的是和平宣扬国威。舰队曾到东南亚、南亚、中东、非洲东岸。郑和航海也可说是华人向海外发展的先驱;东南亚的马六甲等地留有不少与郑和有关的遗迹与传说。

郑和下西洋回国期间,常修整各处天妃宫,或扩修殿堂,或种植青松翠竹;在南京静海寺、太仓天妃宫,郑和还栽种特地从西洋带回来的海棠花。1431年,郑和曾令人刻字,留下两个与妈祖有关的重要石碑。一是娄东刘家港天妃宫《通番事迹碑》。这一碑已逸失,但钱谷[①]的《吴都文粹续集》卷二十八《道观》有完整的原文抄录。另一是福建长乐南山寺《天妃灵应之记》碑[②],至今保留完整,变成研究郑和下西洋最权威的第一手资料。这两个碑文皆

[①] 钱谷(1508—1572),字叔宝,明朝吴县人,喜刻书出版,刻印有唐、宋秘籍众多,数千卷近百种。编有《吴都文粹续集》《静观室三苏文选》,著有《三国类抄》《隐逸集》《南北史撼言》《长洲志等》。
[②] 《天妃灵应之记》碑原在福建省长乐县圣寿宝塔旁的南山天妃宫内,天妃宫后来被毁,原来地方建立郑和史迹陈列馆,《天妃灵应之记》碑移入保存。碑设立于明宣德六年(1431年)仲冬,高1.62米,宽0.78米,厚0.16米,"天妃灵应之记"六字为篆字艺术体,碑文为楷书体,共30列,合计1177字。2006年作为圣寿宝塔附属文物被列为第六批全国重点文物保护单位。

提到郑和舰队前六次下西洋的经过，并且都能够成功完成使命，除朝廷的威福外，归功于天妃的保佑。显示这时的天妃娘娘妈祖可说是明朝海军及海上航行的守护神。

1431年郑和第七次航海出发之前，在福建省长乐县竖立《天妃灵应之记》碑，碑文除了是研究郑和前六次航海的重要资料，也是郑和敬拜妈祖的重要证据。此处天妃当然就是妈祖，石碑最上面写"天妃灵应之记"，意思就是这石碑记载的是天妃灵应保佑航海的记录。重要内容摘录如下：

　　而我之云帆高张，昼夜星驰，涉彼狂澜，若履通衢者，诚荷朝廷威福之致，尤赖天妃之神护佑之德也①。

1431年福建省长乐县郑和《天妃灵应之记》碑是研究郑和航海的重要资料，也是现存最早的妈祖显灵感谢碑。

　　今日白话意思就是，我们舰队能够高挂船帆，日夜如同星辰前进，经过狂野的大浪，好像穿过一般的市街一样，固然是因为朝廷的威望与福气，尤其还仰赖天妃妈祖神德的保护与庇佑。所以郑和是明确敬拜妈祖的，并且深信妈祖保佑很有助于航海安全。

---

① 见附录《天妃灵应之记》碑。

《三宝太监西洋记》明朝万历刊本第二十二回之插图。在妈祖庇佑下，风浪过后船队团聚情景。右一端坐者为郑和。

另根据传说与记载，七下西洋前，永乐元年，郑和出使暹罗国，海上忽刮大风，几百人生命危在旦夕，郑和祈求天妃救助，忽然一阵香风飘来，见神站立在桅杆上，顿时风平浪静。

永乐五年（1407年）郑和下西洋，途中遇到台风，郑和祈求神灵保佑得平安。往渤泥国（文莱）及榜葛剌国（孟加拉）途中也遇到飓风，郑和都祈求妈祖保佑而获得平安。郑和为了答谢天妃的庇佑，曾奏请朝廷在南京龙江关建立一所天妃宫，蒙明成祖御赐纪文。郑和又奏请朝廷在水师官兵驻扎的福建长乐港建立天妃宫作为官兵祈福保佑的地方。郑和船队军士聚集在长乐港天妃宫下，等候信风出航时，郑和曾数次带领二万七千余官兵在天妃宫举行大规模祭祀典礼，点燃香烛，供奉牺牲，祈求妈祖保佑航海安全。

传说郑和官兵登船后要奉献仙师酒，念祝文"五更起来鸡报晓，卜请娘妈来梳装……弟子一心专拜请，湄州娘妈降临来。急急如律令"。另传说郑和船中供奉天妃，各船专设司香一名，每天清晨舶主带领船员向天妃娘妈顶礼。宣德七年（1432年），郑和更奉圣旨往湄洲屿天妃宫拜祭。

《天妃灵应之记》碑相关记载原文如下："昔尝奏请于朝，纪德太常，建宫于南京龙江之上，永传祀典，钦蒙御制记文以彰灵贶，褒美至矣。然神之灵无往不在。若长乐南山之行宫，余由舟师屡驻于斯，伺风开洋。乃于永乐十年奏建以为官军祈报之所，既严且整。"①

明朝罗懋登②的《三宝太监西洋记》，全书20卷100回。全称为《三宝太监西洋记通俗演义》，内容也有郑和祭拜妈祖的描述。它采用郑和下西洋为背景故事，对妈祖护航传说进行创作与延伸描述。而明朝末年凌濛初小说《二刻拍案惊奇》③，也有提到妈祖，可见妈祖在明朝时期

《二刻拍案惊奇》妈祖插图（刘君裕绘）

---

① 见附录《天妃灵应之记》碑。
② 罗懋登为明朝时期小说家。字登之，号二里南人。主要活动在万历年间。著有《三宝太监西洋记通俗演义》。小说主要描写明朝永乐年间太监郑和挂印西征，经历千辛万苦，最后终于平服39国的故事。主要版本有明万历本，咸丰文德堂明刻写本。1985年上海古籍出版社再版该书。
③ 《二刻拍案惊奇》是拟话本小说集。明末凌濛初编写。1632年（崇祯五年）刊行，与作者之前著作《初刻拍案惊奇》合称"二拍"。四十卷，每卷一篇，共四十篇。后来，尚友堂本徽派刻工名手刘君裕将这些故事加上插图。

的中国已经颇为著名。

郑和的成功航海也促进了华人移民海外。《天妃灵应之记》碑证明了大明帝国对帝国海军对妈祖航海保佑的尊崇。郑和的二万七千多名船员多数是从福建、广东、浙江三个沿海省份招募来的；他们之中很多回乡或流居海外，把供奉天妃的信仰从福建省传播出去。《天妃灵应之记》是有关郑和航海的重要史料，也是现存关于妈祖的最古老石碑。

四 1661年郑成功祭拜妈祖驱逐荷兰收复台湾

郑成功收复台湾，对妈祖文化在台湾的兴起与妈祖文化的海外传播都有巨大影响，因为郑成功，台湾岛成为海外妈祖文化传播的重要基地，在20世纪中后期与21世纪，台湾的中华传统众神信仰文化非常兴盛，对妈祖文化在世界各地的传播，扮演了相当重要的角色。

公元1661年4月21日（永历十五年，郑成功使用明朝永历年号，此日即农历三月二十三日妈祖诞辰），郑成功亲自率领将士约二万五千人、战船数百艘，在金门料罗顺济妈祖庙祭拜妈祖后，自金门料罗湾带兵出发。这个决定，彻底改写了台湾岛的历史。否则台湾可能类似菲律宾，而不是华人与中华传统众神信仰的世界。

郑成功先攻占澎湖，然后出敌不意地在鹿耳门及禾寮港登陆。传说郑成功得到妈祖神助，才能平安顺利渡过鹿耳门。其后台南鹿耳门建有规模巨大的"鹿耳门正统圣母庙"。郑成功然后以优势兵力夺取荷军防守薄弱的普罗民遮城（Provinta，今台南赤崁楼），继又对防御坚固的首府热兰遮城（Fort Zeelandia，今台南市

贰 妈祖文化基础

荷兰所绘1662年郑成功攻打台湾图，左边二船为荷兰船，右二船为郑成功之船。

此二图出自艾布雷·赫顿在1669年于瑞士所出版的《东印度群岛航游简记》，图中描绘了郑成功与荷兰对决的情景。

安平古堡）进行约九个月的长期围困。期间荷兰从今日印度尼西亚调来支援的海军被郑成功击败，并评估台湾无法守住而撤回。

部队深入今天台南市北部，先切断荷兰与原住民一些部落的联系。传说包围期间，已带来妈祖、关帝、北极玄天上帝像以增加战争勇气，以后这些地区先后建立了妈祖庙、关帝庙、北极玄天庙，所以这些庙史形容未驱逐荷兰前即已经建立，因为郑军的部分官兵在战争期间就带来这些信仰文化。

公元1662年2月1日（郑成功使用永历年号，为永历十五

19

年农历十二月十三日），荷兰在台湾的末代总督揆一（Frederik Coyett）签字于条约，投降撤离台湾。

1662年2月9日（农历十二月二十一日），二千多名荷兰人登上八艘荷兰船舰出航。《热兰遮城日志》[①]记录至这一天为止。巴达维亚即今日印尼雅加达，当时是荷兰的殖民地。当时荷兰可说拥有世界前三名最先进的海事技术，并控制印尼、马来亚、斯里兰卡、印度及南非的部分海岸土地，所以郑成功的胜利，是东亚海洋史上的一个重大胜利。而一些妈祖信众，也认为这是妈祖保佑，神威显赫的重大成果。

据同安县《东市林氏族谱》记载，北宋年间，湄洲妈祖同宗侄孙林怿将妈祖信仰传入同安，为来往船只保驾护航。同安县原来辖区包括厦门、金门，清康熙皇帝令各县立孔子庙，故厦门、金门的孔庙在同安市区。目前福建分为九个地级市，厦门有五区，同安为其一区。

同安城一共有五个城门。南门就由林家的妈祖来镇守。传说明朝嘉靖三十七年（公元1558年）五月，倭寇攻打同安南门，镇守在南门城楼上的妈祖"以阴兵击贼脸色尽紫"，终成黑面不褪。妈祖助居民击退倭寇，她的脸变成黑色的，这就是"三妈"黑脸的由来。后来黑面妈祖被祭祀于同安县的银同天后宫。

故根据这个传说，位于厦门同安的银同天后宫，就是海内外黑面妈祖的香源祖庙。据《同安县志》记载，1661年，郑成功部将林坯迎黑面妈祖上船供奉，妈祖平风息浪、"潮涌济师"帮助郑成功舰队顺利登上台南鹿耳门，并最终驱逐荷兰收复台湾。

战后郑成功评定战功，以妈祖"潮涌济师"功居首位，在台

[①]《热兰遮城日志》（De Dagregisters van het Kasteel Zeelandia），（1629—1662），是荷兰统治台湾时期的重要史料，主要是关于荷兰人在台湾的各种活动，是以17世纪荷兰语撰写成的。

南建庙供奉妈祖。这就是黑面妈祖进入台湾的过程，而台湾确实较多的妈祖庙供奉的是黑面妈祖。而妈祖文化开始传入台湾则更早，应为颜思齐与郑芝龙（郑成功父亲）登陆台湾之时。

在台湾各县市，香火绵延的黑面妈祖，习惯被尊称为"三妈"。"三妈"的信众，在跟随郑成功来台后，先是于战争包围期间在鹿耳门建庙[①]，后继续在台南府城市区赤崁楼附近建宫祈求保佑。而后随着农业与商业的扩展，便随着信众迁徙到台湾各地。这就是银同妈祖文化在台湾的发展轨迹。台湾各地供奉的黑面妈祖神像，大部分都是当地刻制而成，只有少数是从福建同安的银同天后宫分灵而来，其中位于高雄旗山的溪州朝天宫，就供奉着数百年前，由厦门出海、迁台而来的黑面妈祖。

五　文化内容续千年，宋、元、明、清帝国敕封

妈祖诞生于北宋初年，北宋末年，即北宋与南宋之交，宋徽宗赐封"顺济"，体现官方对这一信仰文化的肯定。宋朝曾先后敕封妈祖达九次。其封号也随时间演变而不同，主要封号如下：南宋光宗绍熙元年（1190年）由"夫人"进爵为"妃"，元朝世祖时又进爵为"天妃"，清朝康熙时再进爵为"天后"。较重大的敕封如下。

[①] 郑成功刚来台湾时，所搭盖的妈祖宫有鹿耳门天后宫、鹿耳门圣母庙等称呼，在经过洪水天灾后，目前位于台南安南区土城的"正统鹿耳门圣母庙"与附近的"鹿耳门天后宫"皆主张是该庙的继承者，两庙皆建筑宏伟。

1. 宋朝

宋朝宣和五年（1123年）朝廷派路允迪率船队出使高丽，航至东海，值遇飓风，八舟沉溺，独路所乘，船上桅顶，现有红光，仿佛有一朱衣女端坐其上，风浪顿息，转危为安，路感神奇，诣问僚属，何神相救。船上有位莆田人，向路允迪报告是湄洲神女搭助。路允迪还朝复命启奏，宋徽宗皇帝遂下诏赐封"顺济"庙额（1124年）。这是妈祖第一次由民间信仰上升到官方祭祀。

宋徽宗虽然治国有误，后发生靖康之祸，北宋灭亡。靖康之祸发生于1125年至1127年，来自东北的金国女真族攻陷北宋首都汴梁（今河南省开封市），掳走宋朝皇帝宋钦宗、太上皇宋徽宗、赵宋皇族、后妃、官吏及逾10万平民。但他本人也是杰出艺术家，以瘦金体书法闻名。后来南宋建立，莆田人李富率民北上抗金有功，回家乡建圣敦顺济庙，妈祖文化开始广为流传。

2. 元朝

元世祖为元朝开创皇帝，在位时国盛昌隆。至元十八年（1281年）诏命正奉大夫到湄洲宣布册封妈祖为"护国明著天妃"载入国祀点，每年依制致祭。元朝建都于北京，是当时政治文化中心，但众多的粮食及生活用品则必须仰靠南方供应，很多都是利用大运河漕运，沿途也是有急涛险流，妈祖屡次庇护漕运，维持元朝京都物质供应的生命线，所以上自皇帝，下至官兵及船工，很多人都把船只航行安全，寄托于妈祖的保佑。

至元十八年（1281年），也是元世祖第二次远征日本的年度。另外，这一年元朝于台湾澎湖群岛设置巡检司，隶属福建省泉州府同安县，主官为澎湖寨巡检。这是台湾地区（含澎湖）有部分区域首次设官治理，等于首次正式入版图。1368年明朝建立后，依前例于澎湖设置该官署，同样属福建省同安县，至1384年因为实施封海政策，故予以废除。1563年，考量沿海治安等因素，明朝复设澎湖寨巡检司。

元帝国因无北方国防威胁，故可较放松地发展海洋，元代航海家汪大渊的《岛夷志略》，写作于泉州，记载了多国情况，印证了元帝国的海外发展。元帝国加封妈祖除了保护漕运外，可能也是考量需要有神明来保佑元帝国的海洋发展。

3. 明朝

明朝永乐皇帝庙号明成祖，在位时帝国军力、经济、文化皆很强大。明朝永乐三年（1405年）明成祖命郑和首次出使西洋。途遇飓风，海冥黯惨，雷电交作，狂涛巨浪，惊心骇目。莫不惊愕。船只危岌欲沉，忽有凤仪神女，手提红灯腾空飞旋，上下左右隐显挥霍，刹那烟消霾霁，风息浪平，万里碧波，悠然顺达，众曰："此乃天妃显灵护佑。"永乐五年（1407年），郑和回朝，奏称海上多获妈祖保佑化险为夷。故明成祖加封"护国庇民妙灵招应夕仁普济天妃"。

4. 清朝

清朝康熙二十二年，水师提督施琅奉命率兵东渡平定台湾，特请妈祖神像随师庇佑，澎湖战胜后，军中纷纷传出妈祖及左右神将助战，促使郑克爽不战自降。施琅班师凯旋，将神迹奏闻于朝廷。康熙二十三年（1684年）诏封"护国庇民妙灵招应仁慈天后"。之前建妈祖庙多称为天妃宫，之后所建很多就称为天后宫。

道光十九年（1839年）又加封"护国庇民妙灵招应宏仁普济神佑群生诚感孚显神赞顺垂慈笃祜安澜利运泽覃海宇天后"。因天后曾助子爵军门太子太保王得禄平定海寇，清朝宣宗皇帝御书"海天灵贶"匾额，加封诏诰致祭。台湾嘉义县太保市地名由来与王得禄将军有关，而王得禄对于嘉义县新港奉天宫的修建也有贡献。

清朝康熙五十九年（1720年），朝廷正式列为祀典，雍正十一年（1733年）更通令全国沿海各省一体建庙，春秋祠祀。而奉祀最盛、庙宇最多之省份，则为台湾。因台湾大部分群众的祖先皆航海而来，故妈祖在台湾地区各县市香火旺盛。而台湾信徒最多、分庙最广的妈祖庙，则应为云林县北港镇的朝天宫与嘉义县新港乡的奉天宫。

宋、元、明、清四大帝国的敕封妈祖，彰显了当时国家中央政府对妈祖的重视，或许可以这样说，对当时的帝国中央政府来说，佛教、妈祖、关公等文化是国家信仰，而当时的伊斯兰教、基督教则是民间信仰。

六 2009年妈祖文化入联合国世界非遗名录

联合国教科文组织全名为"联合国教育、科学及文化组织"。成立于1945年11月16日，总部在法国巴黎。组织宗旨在于通过教育、科学、文化来促进各国教育、科学、文化的进步、交流与合作。英文缩写为UNESCO，即United Nations Educational, Scientific and Cultural Organization。

非物质文化遗产，又称为无形文化资产，简称"非遗"。英文为Intangible Cultural Heritage，heritage指：流传（传承）下来具有历史意义的传统、语言、建筑等。中文用"遗产"两字，或不是很好，或许"非物质文化传承资产"更好。但中文是联合国六种官方语言之一，联合国教科文组织已正式使用。

从2008年开始，"联合国教育、科学及文化组织"每年都会通过非物质文化遗产名录，以唤醒世人重视保护珍贵的文化遗产。2008年通过90项，2009年70项，2010年43项，2011年18项……2022年39项。

台湾台中市大甲镇澜宫妈姐绕境进香活动，每年吸引十多万人参加，不仅是台湾民间重要的宗教信仰活动，也受到全世界海外华人瞩目，美国的Discovery"发现频道"（世界重要知识学术电视频道）将该活动与伊斯兰教的"麦加朝圣"、天主教的"耶诞弥撒"并列为全世界三大宗教文化庆典。

2008年5月中国福建省湄洲岛成立"妈祖信仰申遗工作小组"。台湾大甲镇澜宫受湄洲妈祖庙之邀，由湄洲妈祖庙主导，向联合国教科文组织提出申请，而申请案内列举的妈祖相关仪式，就包含台湾多个妈祖庙祭祀盛事，其中，又以镇澜宫绕境为大宗，大量采用镇澜宫妈祖绕境的照片及影片。2009年5月"台湾妈祖联谊会"会长、大甲镇澜宫副董事长郑铭坤和台湾各妈祖宫庙董事长一行人，特别到湄洲妈祖祖庙参加祭祀，并签名支持妈祖信仰申报世界非物质文化遗产。联合国教科文组织6月通过妈祖文化申请资格审核。

2009年9月28日，"联合国教育、科学及文化组织"缔约国在阿拉伯联合酋长国首都阿布扎比，召开保护非物质文化遗产委员会第四次会议，共有来自114个国家和地区的400多位代表与会。三天的会议主要讨论"人类非物质文化遗产代表作名录"和"急需保护的非物质文化遗产名录"的项目。

9月30日，大会审议"人类非物质文化遗产代表作名录"，通过70个项目，中国申报的22个项目全数通过。另外日本有13项、克罗地亚7项、韩国5项、法国3项。阿塞拜疆、土耳其、匈牙利、乌拉圭、哥伦比亚、罗马尼亚、尼日尼亚、印尼、西班牙、乌兹别克斯坦、保加利亚、墨西哥、比利时、越南、伊朗、印度、马里、爱沙尼亚、阿根廷乌拉圭共有等各有1至2项。

这22个中华项目如下：中国蚕桑丝织技艺、福建南音、南京云锦、安徽宣纸、贵州侗族大歌、广东粤剧、《格萨尔》史诗、浙江龙泉青瓷、青海热贡艺术、藏戏、新疆《玛纳斯》、蒙古族呼麦、甘肃花儿、西安鼓乐、朝鲜族农乐舞、中国书法、中国篆刻、中国剪纸、雕版印刷、传统木结构营造技艺、端午节、妈祖信俗。

这 22 个项目里面，发源福建的有两个，即福建南音和妈祖信俗。《格萨尔》史诗和新疆《玛纳斯》和信仰文化也有一些关系，而"妈祖信俗"被列入名录，可以说是中国汉族首个"信仰习俗类"的世界文化遗产。妈祖信俗被列入，关公信俗则未列入，所以妈祖文化的影响力应该大于关公文化。

福建泉州南音是集唱、奏于一体的艺术表演，是中国现存最古老的乐种之一。南音用闽南语演唱，主要以琵琶、洞箫、二弦、三弦、拍板等乐器伴奏。现存的 3000 余首古典曲谱，保留了自晋朝至清朝历代不同类别的曲目。

《格萨尔》史诗是藏族古代英雄格萨尔的宏伟叙事。叙述格萨尔王为救护生灵投身下界，率领高原人民降伏妖魔、抑强扶弱、安置三界、完成人间使命，最后回返天国的英雄故事。经由一些杰出艺人的说唱，史诗流传千年。

新疆《玛纳斯》就是柯尔克孜史诗《玛纳斯》，其传唱千年，是中华三大史诗之一。其中最有名的是玛纳斯及其后世共 8 代的英雄传奇故事，长达 23.6 万行。相关社区的传统节庆、民俗活动是其主要的文化发展空间。柯尔克孜也译吉尔吉斯，中国境内约有 18 万吉尔吉斯人。

实际上这是妈祖文化为中国与联合国重大的正式肯定，是非常重要的一个里程碑。1949 年至 2009 年，中国并不太重视发源本土的信仰文化，虽然同一时间，海外华人的妈祖信仰持续兴盛。2009 年联合国把妈祖文化列入文化遗产，可说也是妈祖文化海外传播重要的一页。

叁 妈祖文化在马来西亚的传播

东南亚有数量众多的华裔与华侨。一般来讲，如果依照严格的法律用语，已取得当地国籍者称为华裔或华人，持有中华护照，国籍仍然是中华者，才称为华侨。但新、马不少人，虽然已经是马来西亚或新加坡的国民，但仍自称为"华侨"，这已是当地华文用语的一个传统习惯。因东南亚华裔或华侨最多，故海外各国里，东南亚的妈祖信众也最多。

新加坡共和国与马来西亚联邦这两国的身份证族群栏，其他东南亚国家多无族群栏，大部分都力推同化政策。故这两国华裔统计较明确。例如，新加坡以英文为主，身份证族群栏可填 Chinese 或 Malay 或 Indian，译为华裔、马来裔、印度裔更合法律用语，但当地习惯称为华人、马来人、印度人。新加坡身份证除英文拼写姓名外，另旁有中文或印度淡米尔文之姓名，马来人则不用，因马来语就是用英文字母拼写而成。

2023年福建人口约3900万，马来西亚人口约3420万，15年后人口数应非常接近。马来西亚面积（330803平方公里）为福建省（121400平方公里）的2.72倍。2023年华裔人口为786万约占23%。马来人出生率较高，故华人占比缓慢下降中，很多伊斯兰教徒主张多子、多孙、多福气。

2023年中国与马来西亚经济发展接近，平均所得几乎相等，中国稍高。2010年以前马来西亚比福建富很多，2023年福建所得略高马来西亚，虽然马来西亚较国际化；马来西亚华裔所得则明显高于马来西亚平均值。

一 1673年建青云亭，祀观音与妈祖

1405年至1433年，郑和航海期间，马六甲是重要中途补给基

地。当地有三保庙（又称三宝庙、宝山亭），建于公元1795年。里面供奉佛教神明、福德正神与三保太监郑和。郑和本身虽然是个伊斯兰教徒，但也是妈祖的信徒，二种信仰皆崇拜，1431年郑和令人刻的《天妃灵应之记》碑是个证明。

马来西亚最早的王国是马六甲王国，其首都就在今日的马六甲。当时马六甲王国（Kingdom of Melaka）开始创建，因北方暹罗王国与南方"满者伯夷帝国"（The Majapahit Empire，明称爪哇）的威胁，故与明朝永乐皇帝时的中国与郑和将军很友好，寻求大明帝国的保护是个重要原因。

马六甲国王曾搭乘郑和舰队至中国访问。马六甲王国的国名就是其后马来族（Malay，香港译为马拉族）及马来西亚（Malaysia）国名的由来。

马六甲因为具备独特的商业及战略价值，逐渐成为欧洲海洋强权涉足马来半岛的首要根据地。1511年，葡萄牙首先占据当地，并灭亡马六甲王国，1641年由荷兰取代，1824年为英国占领，然后逐步延伸至附近地区，作为联结大英帝国的印度与澳洲的中间点。

英国为工业革命发源地，当时其工业与武器领先世界他国甚多，当时的大英帝国，包括今日英国、加拿大、南非共和国、印度、澳大利亚、新西兰等。1824年后，英国逐步控制今日的马来西亚、新加坡、文莱全境。直到1962年马来西亚获得独立（1965年新加坡又从马来西亚独立）。

马来西亚与新加坡今日留存最古老的中华宫庙，就是青云亭，就在马来亚半岛中南部的马六甲，这座马来西亚古老并且重要的城市。在葡萄牙和荷兰时代的马六甲，设华人甲必丹（首领）制度于青云亭内，作为负责解决纠纷的仲裁所，也是当地华人社区的会议中心。1824年马六甲由荷兰转割英国后，废除了华人甲必丹制度。但青云亭仍维持大致同样角色，直到1911年。

青云亭创建年代，仍有争论。较多数认为是由首任华人甲必丹郑启基（又名郑芳扬）在1673年创立，另有说法为1646年和1600年。不管如何，至少有经过300多年，共有6次较大的重修和3次扩建。目前青云亭占地四万九千平方尺，大殿正中祭祀观音，左右为关帝和妈祖。

青云亭取"平步青云"之意。青云亭除了祭祀观音与妈祖，祈求保佑，连系海外华人的乡谊外，相当长的一段时间里，也是附近华人的社区法院、仲裁机构。目前也是马六甲市的重要名胜古迹，已成为当地著名的观光景点。

青云亭在马六甲的庙堂街（Temple Street）。内妈祖殿有清朝乾隆年间黄毓秀立的"海国安澜"匾额，与嘉庆六年《重修青云亭碑记》。碑有记载："……如青云之得路……故额斯亭曰青云亭。"

2008年7月7日，马六甲城市古迹群被列入"联合国教育、科学及文化组织"的世界文化遗产名录，包含有青云亭。2003年青云亭获得"联合国教育、科学及文化组织"亚太区文物古迹保护奖。青云亭里面的碑文、牌匾、对联、华人祖先牌位等，都是有价值的历史资料。

二 1945年创马六甲兴安天后宫，分灵湄洲与大甲

马来西亚与新加坡主要有六种华人方言：闽南语、广东话、潮汕话、福州话、客家话、海南话。闽南语族群在东南亚比莆仙话族群多很多，闽南语可说是国际方言。闽南语族群的中华传统信仰较分散，为妈祖、保生大帝、开漳圣王、观音等。

莆仙话不在新加坡、马来西亚六大华人方言之内，可算为新加坡的第七大华人方言。但族群人数比前六大方言少很多。人数虽然较少，但海外莆仙话族群给人的印象是更团结，更乐于捐钱于兴安（莆仙）会馆，且普遍信仰妈祖，并喜欢兴建巨大的天后宫。马来西亚马六甲兴安会馆天后宫，与新加坡兴安会馆天后宫皆是代表。（莆田学院的李文正图书馆是福建省建筑最大的图书馆，印尼莆仙华裔企业家李文正贡献颇多。）

马六甲兴安天后宫，当地名为 Melaka Heng Ann Tian Hou Temple。地址为 98, Jalan Laksamana Cheng Ho, Melaka。当地称为郑和将军路，Cheng Ho 就是郑和的当地拼音。因为据记载，郑和曾航海至马六甲，并与当时新创建的"马六甲王国"的国王友善。二次世界大战时，日本曾占领整个新加坡与马来西亚，1945 年 8 月 15 日，日本宣布投降。不久，同一个月份，马六甲兴安会馆与兴安天后宫就被创立于马来西亚。

兴安天后宫主祀天后圣母，陪祀福德正神、济公活佛、三一教主林龙江[①]等。（林龙江为福建莆田的宗教家。）为四层建筑，三层与四层中间，由右至左上层写天后宫，下层写兴安会馆。并供奉从湄洲祖庙分灵而来的妈祖。兴安会馆当地名称为 Heng Ann Association Melaka。

1995 年，花费 300 余万元马来西亚币的扩建工程全部完工，建筑宏伟广阔，由张德麟乡长主持揭幕仪式。其后持续增建。2000 年成立"兴安天后宫大学奖助学基金"，让大学里家境清寒的学子申请，不分种族与籍贯；其后类似慈善活动还很多。

2014 年 10 月 31 日，台北市莆仙同乡会应马来西亚马六甲兴

[①] 三一教主指的是林兆恩（1517—1598），别号龙江，一般称他为林龙江。福建莆田赤柱人。明朝宗教家和思想家。创立三一教，倡导儒、释、道三教合一，21 世纪的 2023 年，莆田仍有信众。

2015年马来西亚兴安会馆天后宫交流团到湄洲祖庙谒祖进香。（湄洲祖庙提供照片）

安会馆的邀请，参加其在马来西亚马六甲举办的第一次妈祖文化节。台湾兴安会馆全团一行42员，随扈台北莆仙同乡会天后宫妈祖分灵神尊，出席马六甲兴安天后宫祈福大游行。11月2日在交流座谈大会上，台北莆仙同乡会龚理事长以"妈祖娘鸾鹤降名城，马六甲鱼龙迎圣驾"纪念牌赠予马六甲兴安会馆天后宫并致辞。两地妈祖文化常交流。

隔年，2015年11月8日至14日，马来西亚兴安会馆天后宫也到湄洲祖庙谒祖进香。这是其70周年馆庆的系列活动。总共70人的访问团经历七天六夜，由马来西亚飞到厦门后，旅游德化、永春、南安、泉州、仙游、莆田及湄洲岛妈祖祖庙。团员也是回祖籍探亲。在莆田市住吴建中乡亲创办的莆田秀屿假日大酒店，受到业主吴建中、市侨联及区侨联的热情招待，团员觉得收获满满。

2017年"妈祖下南洋·重走海丝路"第二站在马六甲举行。7月3日上午11点，湄洲妈祖从吉隆坡"雪隆南海会馆天后宫"起驾，经过约140多公里，从吉隆坡市到马六甲市，就驻跸在"马六甲兴安会馆天后宫"，当时数百位信众在场恭迎湄洲妈祖驾临。马六甲兴安会馆天后宫也组织了马来西亚数十家妈祖宫庙和社团，参与了湄洲妈祖圣驾夜巡马六甲及妈祖祭祀典礼等活动，并邀请马来西亚交通部长等出席，吸引了众多华裔、华侨及当地其他族群民众参与。

2018年4月4日，"马六甲兴安会馆·兴安天后宫，湄洲祖庙朝圣进香暨探亲考察团"（2018年4月3日至9日）再次莅临湄洲祖庙。由马来西亚搭飞机到中国福建，在兴安会馆天后宫主席拿督斯里吴金华、兴安会馆会长吴添福局绅的领导下，共50人，由莆田市外侨办张宗贤主任陪同，抵达福建省莆田湄洲岛进香。湄洲祖庙林金赞董事长等迎接，并举行三献礼仪式，也都留下珍贵的合照。

2019年3月16日，马来西亚兴安会馆总会署理总会长、马六甲兴安会馆天后宫主席拿督斯里吴金华率领旅马兴安会馆乡亲代表一行90人，又再次到"妈祖故里"福建湄洲岛妈祖祖庙朝圣参访。吴金华说，这是他第一次以马来西亚兴安会馆总会长的身份带领团队来，但每次到湄洲祖庙朝圣，总有一股回到家的强烈感觉。

马六甲兴安天后宫1945年曾从湄洲祖庙请灵，1972年从马来西亚的妈祖庙请灵，另有台湾台中大甲镇澜宫的分灵妈祖。马六甲兴安会馆与兴安天后宫2013年10月11日至台湾考察妈祖文化，

2018年马来西亚兴安会馆天后宫考察团到湄洲祖庙谒祖进香。（湄洲祖庙提供照片）

参观了许多台湾宫庙。2013年10月23日，马六甲兴安天后宫举行了隆重典礼，恭迎台湾大甲镇澜宫分灵妈祖至马来西亚兴安天后宫，两地天后宫也建立了亲密联系。此宫可说与台海两岸的妈祖文化皆关系密切，经常来往。

三 1987年建雪隆天后宫，华美为婚礼要地

雪兰莪州为马来西亚13州之一。全境环绕吉隆坡和布城这两个联邦直辖区。雪兰莪州、布城、吉隆坡，当地常合称为雪隆。雪隆海南会馆原来地址在吉隆坡谐街49号。附属天后宫在会馆后面房间，可能启用于1890年，即光绪十六年[①]。

后雪隆海南会馆获得吉隆坡乐圣岭（Robson Height）这块土地。1981年开始动土兴建天后宫，1987年完工。1989年9月3日，会馆成立一百周年，这座华美的妈祖庙正式揭幕。这是由雪隆海南会馆统筹兴建的。可说是继承1890年会馆附属的天后宫，也可说是1989年新创的妈祖庙。宫庙牌额只有"天后宫"三字。可称为吉隆坡天后宫、乐圣岭天后宫，或海南会馆天后宫，当地名称为Thean Hou Temple。

顾名思义，海南会馆主要是由讲中国海南岛方言的移民及其后裔所组成。乐圣岭天后宫的历史并不悠久，但建筑华美，深受欢

---

① 雪隆海南会馆创立于1889年，重要资料毁于二战。会馆现存最古老历史文物，包括旧天后庙的一座铜香炉。现置于乐圣岭天后宫大殿内。香炉上刻着："光绪十六年孟春吉日"九个字，左边更刻上"粤东羊城元和铸造"字样。光绪十六年为公元1890年，说明当年谐街49号的天后宫，可能是在那一年（1890）整修完成启用。

迎。那里主要供奉天后娘娘——妈祖，每逢华人佳节时，这里的游客络绎不绝，香火鼎盛。

马来西亚首都吉隆坡是一个以伊斯兰教为主体的城市，有几座建筑宏伟的清真寺。而乐圣岭天后宫，规模不小，建筑风格则为传统的中华形式，因为很多建材来自台湾，和台湾的妈祖庙风格几乎完全相同。它也是吉隆坡最大的中华传统宫庙。

天后宫是仿照古代建筑而设计，免不了也要遵照古制把古典的装饰搬到屋顶上。因此，在天后宫的屋顶上就有龙、凤、鱼、虾、蟹、仙人、天马、狮子、大象等瑞兽了。这些瑞兽中有些是用琉璃剪贴而成，手工细致。有些则以琉璃瓦制作，以白黏土烧成，拙朴中带有古雅的气质。

天后宫的栏杆全漆上白色。这是中华建筑中栏杆的传统颜色。它和中国北京天坛祈年殿的栏杆大同小异。天后宫的龙柱共有四根，是以洋灰筑成。天后宫所采用的琉璃瓦全部自台湾进口。天后宫的牌楼计有两座。一座是在礼堂入口处，上书"雪兰莪琼州会馆天后宫"十字，两旁大柱是伯园法师的题联："天心遗爱慈仁孝义扬家国，后德威灵救溺扶危震古今。"另一座是与茂梅庭遥遥相对处。两旁大柱是竹摩法师的题联："慈意殷拳福施社稷，恩波浩荡泽及苍生。"

这个妈祖庙深受马来西亚华人重视。据马来西亚《光华日报》报道，为了配合即将来临的华人农历新年，2006年1月吉隆坡天后宫特别举办了一场"新春吉祥菩萨灯会"，为天后宫增添春节气息之余，也欢迎公众人士参观，与民同乐！

为了这场灯会，天后宫特地制作庄严神圣的菩萨灯组，包括千手千眼观世音菩萨、大愿地藏王菩萨和天后圣母菩萨，每尊菩萨高五六米，相当壮观。另外，天后宫也特别制作了具有文化色彩的灯饰，如报春门、引路灯等，增添了春节气息。

天后宫2006年1月23日晚还特地邀请马来西亚青体部部长翁诗

杰，妇女、家庭及社会发展部政务次长周美芬以及雪隆海南会馆会长张裕民等人为"新春吉祥菩萨灯会"举行亮灯仪式，点莲花灯祈愿。据悉，"新春吉祥菩萨灯会"从1月23日至2月12日，免费开放供公众人士参观，让大家度过一个充满文化与宗教色彩的新春佳节。

它是香火旺盛的妈祖庙，成为吉隆坡著名的旅游景点。而后逐渐的，在此办理结婚典礼愈来愈受到欢迎。据报道，经常每月约有四百对情侣在此办理结婚注册手续。吉隆坡天后宫常常为新人举行由僧人主持宗教祝祷仪式之集团结婚典礼。

天后宫在特定的日子，尤其是情人节和元宵节等浪漫的节日，更是常常吸引了很多携手迈向未来人生阶段的男女同来注册结婚，在吉隆坡天后宫定下了他们爱的承诺。近几年马来西亚最大的集团结婚典礼，都在此妈祖庙举行，例如：2008年8月8日吉隆坡天后宫竟然办理高达480对的结婚[①]。

2008年8月8日，正好是华人最爱的"080808"，这也意味着，如果错过了这个"发发发"（广东话"8"与"发"同音）的大好日期，大家便要再等上100年了。因此，在马来西亚全国各地，数以千计的华裔青年男女参与了集团结婚，并不因为进入农历七月而有所避忌。这一天在吉隆坡天后宫，共有480对新人进行结婚注册，并举行大合照，喜气洋洋，他们除了在亲友见证下完成仪式，也由慧海法师开示夫妻相处之道。

这座天后宫成为马来西亚喜结良缘之地，是这个妈祖庙的重大而特殊的功能。非常多的马来西亚华人喜欢在此地完成他们的终身大事，故这座妈祖庙有"祝福婚姻之重大功能"。这也是海外妈祖庙的一个有趣发展。

---

① 马来西亚"星洲日报"（2008年8月8日）错过须再等上100年·080808成结婚旺日。

四　马来西亚八座宫庙有台湾北港分灵妈祖

马来西亚、新加坡与中国台湾的"中华传统众神信仰"常有来往，并不是只有妈祖文化。马来西亚与新加坡有很多广东与福建闽南的移民，其闽南移民讲的闽南语，与台湾的方言可说是几乎完全相同的。根据台湾北港朝天宫的资料，目前马来西亚至少有八座宫庙有台湾北港朝天宫的分灵妈祖。列表如下：

巴生市天后圣母殿

怡保菩提苑妈祖阁

吉隆坡众仙坛

柔佛州马西德教会

紫慈阁

蒲种阴阳宝殿门

雪兰莪州玉灵宫

吉打州慈后妈祖阁

以马来西亚巴生市的"天后圣母殿"为例，其创立超过了五十年，2013年新的"殿主"（主任委员）作了决定，迎请了台湾北港妈祖之分灵。

2014年10月2日，经神明指示，再来迎请千里眼将军与顺风耳将军，协助妈祖庇佑信众。"天后圣母殿"一行25人由马来西亚乘坐飞机抵达台湾，再转至云林县北港朝天宫，朝天宫也全力协助相关事宜，提供千里眼、顺风耳两将军大型神偶，并指导他们如何操控神偶。

圣母殿殿主张碧珍[①]及总务（总干事）李屏荣2014年表示，

---

① 张朝欣《千、顺将军 赴大马伴妈祖》中国时报（2014—10—03）。

圣母殿由前殿主张子祥于50余年前创立，张子祥有次担任乩生扶鸾时，透露所供奉的圣母来自北港朝天宫，事后信众提议来朝天宫分灵，但碍于当时时空背景，迟未成行。张碧珍并表示：马来西亚有许多妈祖信众，是华侨的心灵寄托，巴生市更是以福建人居多，此次迎请千、顺将军，让妈祖信仰更加完整，台湾与马来西亚的情谊，也因妈祖信仰而更加紧密。

又以玉灵宫为例。雪兰莪州的玉灵宫分灵北港妈祖后，与台湾各妈祖宫庙也常有互动。例如2023年5月，马来西亚玉灵宫，由宫主洪秀丽率29名信众，迎请20尊神明陪同"朝麻妈"回台湾北港娘家。信众除了来自雪兰莪州，还有槟城与九州信徒，大家被台湾妈祖文化所吸引，要来体验北港妈祖绕境，一行人6日抵达台湾夜宿台中，7日搭车到北港朝天宫，由朝天宫董事苏健荣迎接。

洪秀丽2023年5月在台湾表示：玉灵宫原来供奉七爷八爷、哪吒三太子为主神，2016年得到七爷指点，要信众去台湾了解妈祖娘娘的文化，并提示台湾有间庙宇的名字有"朝"字……经台湾友人协寻，2017年派员到北港朝天宫参访，并分灵北港妈祖回马来西亚安座供奉，2018、2019年均有组团到朝天宫谒祖。

五　慈后妈祖阁分灵福建与台湾七个宫庙

马来西亚也有妈祖庙同时供奉来自不同地区的分灵妈祖。马来西亚吉打州的"慈后妈祖阁"就是一个最独特的例子。马来西亚的吉打州（马来语：Kedah）[①] 位在马来半岛西北部，与泰国为

[①] 马来西亚西半部的马来半岛分为11个州及2个联邦直辖区吉隆坡和布城，称为"西马"。东半部在世界第三大岛婆罗洲的北部，分属沙巴和砂拉越两邦及纳闽联邦直辖区，称为"东马"。

邻，南为霹雳州，西南为槟城州，西面邻海。

慈后妈祖阁主祀妈祖，有着众多的分灵妈祖[①]，包括如下："湄洲妈祖"分灵自中国大陆福建省湄洲妈祖祖庙、"莆田妈祖"分灵自中国福建省莆田市贤良港天后祖祠、"泉州妈祖"分灵自中国福建泉州天后宫温陵祖庙、"北港妈祖"分灵台湾云林县北港朝天宫、"大甲妈祖"分灵自台湾台中市大甲镇澜宫、"鹿港妈祖"分灵自台湾彰化县鹿港天后宫、"关渡妈祖"分灵台湾台北市关渡宫。

这个马来西亚宫庙常回各地祖庙谒祖进香，故常有丰富的旅程。如2019年5月到台湾鹿港天后宫进香。马来西亚不少妈祖宫庙，因常回福建与台湾，所以与大中华的联系变得密切，这也是妈祖文化促进海外联系的一个例子。

六　在马来西亚的传播现象与影响

马来西亚目前应是海外华人第二多的地方，仅次于印尼。马来西亚是一个文化多元的国家，曾建立马六甲王国，后为葡萄牙、荷兰统治；再后是英国治理，留下议会民主政治，与商业语言英文。人口包含马来人、华裔、印度裔。伊斯兰教是主流但国家比印尼较容忍其他宗教，经济平均也比印尼进步，故马来西亚比印尼有着更为丰富的妈祖文化与相关活动。

中国元朝时期，在原来郡县、道县、州县之上，创立了新行政区域，面积巨大的省。汪大渊在福建省泉州写的《岛夷志略》，及周达观出使高棉王国所写的《真腊风土记》都是关于古代东南亚

[①] 可参考吉打慈后妈祖阁脸书。

的权威著作。郑和的《天妃灵应之记》碑亦指出，当时有海寇陈祖义，聚众三佛齐国，劫掠番商，后为郑和舰队所灭[①]。三佛齐国在今苏门答腊岛北部，陈祖义由名字判断应为华人。

而郑和舰队随行的马欢所著的《瀛涯胜览》有描述郑和舰队经常在马六甲停驻补给。《岛夷志略》《真腊风土记》《瀛涯胜览》这三本重要著作都指出元朝及明朝初年时，东南亚已有一些华人在活动。郑和是伊斯兰教徒兼妈祖信众，至于当时海盗陈祖义等海外华人是否为妈祖信众，或一部分为妈祖信众，就不得而知了。

马来西亚可能是中国大陆、台湾、港澳以外，妈祖文化最兴盛的地方，包括各种妈祖文化的进香与庙会活动。其传播现象仍主要是马来西亚的华裔，明末可能就有，而多数华裔是从19世纪中开始大量移民的。福建闽南与广东的移民数量多，对妈祖、关公、保生大帝等都有建庙。而福建莆田的移民则多数集中信仰妈祖，并更热心于捐款建庙与会馆。所以马六甲兴安会馆天后宫与新加坡兴安会馆天后宫建筑都较宏伟，并常有庙会活动。

马来西亚、越南、日本的妈祖文化，哪一国较为昌盛？这是妈祖文化海外传播重要的问题。明朝末年，满清入关，有不少华人因政治与动荡因素而移往日本与越南的中南部，也带去了妈祖文化，所以越南与日本有不少妈祖古庙。但越南、日本的妈祖古庙数量是否比马来西亚多，并不是妈祖文化的重点，重点是香火与活动规模。马来西亚显然比越南、日本有更多的妈祖文化活动，新建的妈祖宫殿也更多、更为宏伟。雪隆天后宫与马六甲兴安会馆天后宫就是很好例子。

---

① 《天妃灵应之记》碑载："永乐三年统领舟师至古里等国。时海寇陈祖义聚众三佛齐国，劫掠番商，亦来犯我舟师，即有神兵阴助，一鼓而殄灭之。"

肆 妈祖文化在新加坡的传播

新加坡妈祖文化的传播，启始于19世纪初。传播路径与马来西亚类似，都是随着华人移民一起传播，清朝中后期福建、广东、海南的移民都带来了妈祖文化。当时工业革命正从英国与美国逐渐向外拓展。工业革命带来新的巨大财富与强大武器，让大英帝国进一步扩张。

19世纪初，大英帝国逐步把澳大利亚全境、新西兰、马来亚半岛、新加坡、沙巴、沙捞越、文莱等地纳入殖民地。（缅甸则是19世纪中后期，经过战争，为大英帝国征服。）也带去了较新的生产机器，于是当地创造了更大的财富。当时的中国，比起东南亚就相对贫穷了。另外，19世纪中叶，中国发生严重的太平天国动乱，福建也发生严重的旱灾。这些都是移民的重要原因。

1842年中英签定《南京条约》，五口通商一定程度上开放世界贸易。五口通商是五个港口辟为通商口岸，包括广州、厦门、福州、宁波、上海。福建有两个，福州与厦门，故福建较早与世界接触。而一些福建、广东人民为了较好的生活，就远涉重洋到东南亚发展，也带去了家乡的文化、信仰与习俗。

新加坡曾为马六甲王国一部分，后为柔佛王朝一部分，1819年英国人莱佛士登陆新加坡，逐步把新加坡纳为英国殖民地。1962年马来西亚联邦从大英帝国独立，1965年新加坡又从马来西亚独立。新加坡国语为马来语，因独立时尊重这里原是马来人的土地，所以国歌歌词为马来语。马来语、英语、华文、淡米尔文为四种官方语言，英文为政府及商业使用语言。

2023年新加坡国民人口370万，华裔约占76%，即281万。岛内另有大量取得永久居民权的外国人及外国劳工等。新加坡华人族群，2010年统计，40%属闽南裔，20%属潮州裔，14.6%属广府人（广东话语系），8.3%属客家人，6.4%属海南裔，1.9%属福州裔，0.9%属兴化裔，即莆田人。

一 1819年创粤海清庙祀妈祖与玄天上帝

新加坡粤海清庙主要是由广东省东部潮州移民所捐款兴建的。粤海清庙（Wak Hai Cheng Bio，潮汕话拼音），坐落于新加坡商业区菲利普街 30 号 B，可能是新加坡最古老的道教宫庙。根据《潮侨溯源集》书中所述，粤海清庙最初是一间供奉妈祖的神坛，在 1738 年之前由澄海樟林人林泮所建，原址在"山顶仔"，可能原先只是一个小神坛。

从粤海清庙内找到的己卯年（公元 1819 年）"天恩公炉"证明粤海清庙在 1819 年已经存在。粤海清庙在 1826 年正式重建为一间双殿庙宇，主奉妈祖与玄天上帝，是新加坡最古老的妈祖庙及玄天上帝庙。

除此之外，庙内也挂满早年由客家，广东、琼州会馆所敬赠的匾额，显示当年客、广、琼、潮四帮的关系良好。四帮还在 1937 年联手创立新加坡广东会馆，并将办公室设立在粤海清庙。

粤海清庙在 1996 年成为新加坡受保护的国家古迹，经过大规模修复后，在 2014 年获得联合国亚太文化资产保存优异奖。粤海清庙是间传统的潮州式建筑，屋顶上有非常精致的潮州雕塑及嵌瓷，燕尾上扬卷曲，墙壁和梁上也有精美的石雕与木雕。早期除了潮州人，很多广东人也常到粤海清庙上香，后来其信众也扩大包含了新加坡各族群的华人。

光绪二十五年（1899 年），清朝光绪皇帝御书"曙海祥云"金漆匾额，赐予粤海清庙，今天仍高悬于庙里天后宫正殿上。在新加坡的华人宫庙中，只有粤海清庙和福建闽南语帮的天福宫获得皇帝御题，可见两宫庙当时在新加坡有相当的地位。也可以感受到，新加坡虽远离中国，且当时仍未有飞机，交通不比今日，但仍受到北京的重视。另外，当时中国显然对妈祖信仰与玄天上帝信仰颇为推崇。

二　1840年创福建会馆天福宫祭祀妈祖与孔子

新加坡天福宫当地拼写为Thian Hock Keng，新加坡目前以英语为最主要官方语言（国语为马来语），其英语拼法为天福宫闽南语之拼音。新加坡华人原来使用英语及六种中国南方之方言，目前基本上不鼓励这六种方言，改推英语及华语，此华语大陆称普通话，台湾称国语。但姓名拼法，沿袭父祖辈，采用六种方言。

早期的闽南先民大多落脚于厦门街（Amoy St.）和直落亚逸街，逐渐形成了围绕于天福宫（Thian Hock Keng Temple）的区块①。他们随后又成立了宗乡会馆，如新加坡福建会馆，指的是讲闽南语的会馆，新加坡与马来西亚把闽南语称为福建话，与台湾的方言是一样的。并且把区块展延至福建街（Hokkien St.）和中国街（China St.）一带。新加坡福建人在早期新加坡河一带的贸易活动当中是最活跃的。由于他们来自中国南方沿海一带，并且从事海上贸易，大多有信奉妈祖之习俗。

这是闽南人在新加坡所建的最古老的寺庙。它建于1840年，当时新加坡为英国所统治，坐落于直落亚逸街（Telok Ayer St.），

---

① 天福宫地址：
Thain Hock Keng
158　Telok Ayer Street, Singapore 068613
Tel: 64234616

靠近海边，是当时闽帮华商汇集的场所，也是福建帮总机构的所在处。临海的天福宫落成后，凡南来或北归的华人，都把船舶碇在宫前，然后向妈祖娘娘祈求"海不扬波，平安返国"。当时位于它前方的直落亚逸湾海岸线尚未被填海造地。填海后，天福宫离海变得较远了，与原先近海感变得不太一样。

陈笃生（Tan Tock Seng，新马闽南裔，陈拼音Tan）是一个马来西亚马六甲出生的开拓者及慈善家，他凭着毅力和努力为天福宫建立一个适合的场所，他联合福建会馆的捐款者贡献一笔建筑基金，修建第一座永久合适的建筑物。1839年开始兴建，而于1842年全部完工。这座当年全岛最大规模的建筑物，耗资大量的金钱和多年的努力才完成，是华社的宗教中心。天福宫虽是闽帮庙宇，但以它规模的宏大，香火的兴旺，络绎不绝的香客，已进而超越方言帮派的藩篱。这里正殿供奉护航之神"天后娘娘"，闽南语"天后"与"天福"发音接近，也叫"妈祖宫"。

妈祖像在1840年由福建护送而来，故以1840年为天福宫启始之年。建造这座寺庙的材料来自世界各地，地砖由荷兰运来，有苏格兰的铁栏杆、英格兰和代夫特的砖瓦，还有高大的盘龙石柱。有欧式的建材，却是道地的"闽南建筑风格"。天福宫庭院内耸立着许多祖先碑石，庙门则由巨大石狮守护，建筑风格饶富趣味。

天福宫是妈祖庙，也是福建闽南人的同乡会馆，是异地同乡社交聚会、住宿的场所。在1860年福建会馆成立前，天福宫是福建人聚居新加坡时的聚集之所和重大活动之地[1]，为了同时满足这两种不同的用途，该建筑在布局上有十分巧妙的设计。位于中央的三川殿和正殿，是作为祭祀用途的"仪典空间"。这两个殿堂，

---

[1] 巫秋玉《妈祖信仰与海外闽南人的"神缘"以新加坡天福宫为例》（中国华侨华人历史研究所）《闽南文化研究》中央文献出版社，2003年9月。

与左右两廊和山墙，相连成一个完整封闭的合院。而左右两侧的长条形护室，"左护室"和"右护室"，则是当年会馆用作生活、社交场所的地方。

天福宫至2023年已有183年的历史，目前产权及管理仍属新加坡福建会馆。天福宫共有3进，自外而内，依序会经过三川殿、中庭、正殿以及后殿，深长幽远，空间变化相当丰富。这种尊贵的"回"字形布局法，只有堂皇的大庙才会采用。

天福宫的建筑工艺手法和材料来自福建泉州，是正统闽南风格的宫观建筑。从雕梁画栋、檐脊饰物到彩画门神，整个建筑工程非常考究。天福宫内所保存的碑铭《建立天福宫碑记》和《重修天福宫碑记》，以及许多匾额，都是研究新马华人历史的珍贵资料。悬挂在正殿最高处的匾额"波靖南溟"，是1907年清朝光绪皇帝御赐，真迹已捐赠给国家文物局珍藏。现在这仿制墨宝就永远展示在新加坡国家博物馆。

天福宫在1973年被新加坡政府列为国家级古迹，1974年进行修复，1998年耗资约三百万新币进行为期三年的大修复，并在2001年1月重新开放。天福宫可能是新加坡最具影响的中华传统众神宫庙。1850年奠立的《建立天福宫碑记》反映了当时华人建庙缘由。根据《建立天福宫碑记》所言可知，当时闽南人修建天福宫是为了"食德思报"，以表示他们不忘故土家园[1]。

新加坡天福宫经过183年至今一直也兼祭祀观世音菩萨、关圣帝君、保生大帝及孔子。保生大帝也是发源于福建闽南的神明。新加坡2010年的"孔子诞"是农历8月27日，即阳历10月4

---

[1] 天福宫保存1850年（道光三十年）《建立天福宫碑记》载："我唐人由内地航海而来，经商兹土，惟赖圣母慈航，利涉大川，得以安居乐业，物阜民康，皆神庥之保护也，我唐人食德思报，公议于星嘉坡以南，直隶亚翼之地创建天福宫。"

日，天福宫此日也有活动。这个日期与台湾固定以阳历9月28日为孔子诞辰不同。其应该也是新加坡祭祀孔子最老的庙宇。2001年，天福宫大规模修复后荣获四个奖项，包括联合国教科文组织所颁发的"亚太2001年文化遗产古建筑奖"①，成为新加坡目前的国际重点文化遗产。

笔者发现高雄市旗山天后宫②有1824年《建立天后宫碑记》及1844年《重修天后宫碑记》③两个石碑，（台湾彰化县鹿港天后宫保存有四个碑记，时代也接近）与新加坡1850年《建立天福宫碑记》时代相近，风格接近，但两地却相隔三千公里，可谓异曲同工，也可说闽南文化在海外影响重大。

三 1920年创兴安会馆天后宫，2017年新殿开幕

新加坡与马来西亚马六甲市皆有兴安会馆天后宫，且都颇具

---

① UNESCO Asia-Pacific Heritage 2001Awards for Culture Heritage Conservation Building.
UNESCO亚太文化资产奖（2001）天福宫修复工程
规划成本：约220万美元
面积：总地板面积（含）978.88平方公尺
产权：新加坡福建会馆
② 高雄旗山天后宫（旗山镇湄洲里永福街23巷16号）。建于1817年（嘉庆二十二年），是旗山本地的主庙，旗山人称为"妈祖庙"，亦是本地开庄的市集、信仰、精神等活动中心，是凝聚社区意识与聚落发展的枢纽。
③ 《重修天后宫碑记》1844年（道光二十四年十二月）
158公分×75公分
材质：花岗岩
形式：额刻彤日纹饰与碑题
原件典藏单位："中央图书馆"台湾分馆

规模，常举办活动。新加坡兴安会馆为六层高建筑，马六甲为四层建筑，皆清楚分开写明天后宫、兴安会馆。兴安会馆顾名思义，很多人可能会产生疑问，华人有"兴安"这种方言吗？其实兴安会馆是指讲莆仙话人的会馆，基本上就是福建省莆田地级市的移民后裔。

中国行政区域，原为郡县二级制，后称道县、州县，名称不同，内涵差不多。元朝新创设立面积巨大的省，变成省、府、县三制。莆田地区曾为泉州府一部分，但因泉州与莆仙方言不同，莆仙虽小，却有自己的方言，故后独立为兴化府。20世纪时因江苏省也有地名称"兴化"，故设此"地级市"时，因古代只有莆田、仙游二县，莆田县人口较多，故称为莆田地级市，含五县级单位——四区一县。

除"兴化"这一名称外，莆仙还别称"兴安"，有其特别典故。1276年2月4日，元朝军队攻入南宋首都临安，宋恭帝和谢太皇太后投降元朝。同年6月14日，赵昰在福州即皇帝位，是为宋端宗，改元景炎。

宋端宗景炎二年（1277年，忽必烈汗至元十四年）三月，陈文龙从叔陈瓒收复兴化军城（今日莆田），五月，兴化军被升为"兴安州"。后来元朝灭宋后兴安州又改回兴化路。"兴安"历史虽然很短，但却是莆仙人特别是海外莆仙华侨喜欢的一个别称，它不仅有"兴旺安康"的美好寓意，而且承载了一段流离抗战的历史。

在清朝乾隆年间，好几省已有兴安会馆，例如当时江苏省苏州兴安会馆就已经设立。乾隆《吴县志·艺文》的廖必琦《兴安会馆天后宫记》（节录）："……兴安乃天后所自出之邦，实八闽之宗主。……况金阊（苏州府治别称）为舟楫之往来，士商所辐辏，莆仙二邑，宦游贾运者多，于是嗜义捐金，日一以众。"所以兴安会馆为莆田、仙游人在各地捐钱设立，作为同乡会组织，并习惯会馆内也设立为天后宫，祈求妈祖保佑兴旺繁荣。所以原来不限海外，很多省份也有。

新加坡兴安会馆成立于1920年，很早即附带设天后宫祭妈祖，兴安天后宫内挂着刻写于中华民国丙寅年（1926年）的"瞻拜"牌匾。证明至少1926年就有天后宫。后分为兴安天后宫与兴安会馆两组织。

1952年，兴安天后宫楼上引进了"海滨俱乐部"，后改名为"荔城俱乐部"。1957年为遵守政府法律上关于社团的规定，顺应社会的变化，兴安会馆更名为"南洋莆田会馆"，后来2004年更名为"新加坡莆田会馆"。

2012年4月，经过三团体——兴安天后宫、莆田会馆、荔城俱乐部多次讨论，由莆田会馆前主席林雍高先生宣布将兴安天后宫重建为六层楼"新加坡莆田大厦暨兴安天后宫"的决议。

同年动工，大厦占地753.4平方米，总建筑面积2109平方米，六楼供奉天后宫诸神列圣，中华古典建筑风格，上有匾额"天后宫"三字。五楼作为三团体的办公区域和活动空间，三、四楼出租办公，二楼礼堂除满足三团体的宴会功能外还可以对外出租，一楼为架空层。2017年，莆田大厦兴安天后宫落成揭幕。大楼两旁二至五楼，由上而下直写：兴安天后宫、新加坡莆田大厦。

2020年12月，新加坡兴安会馆与附属宏文学校举行庆典，庆祝成立百年，以及会馆扩建落成。庆典还邀请了新加坡国防部长黄永宏为主宾，为扩建大楼剪彩，黄永宏为新加坡兴化人族群。他在致辞时提到，和许多新加坡家庭一样，他和他的兄弟姐妹会听兴化方言（莆仙话）但不会讲。但兴化面线和兴化米粉是新年和特别节日时，家中必备的美食。

四 1937年西河别墅林氏宗亲会奉妈祖

西河别墅林氏宗亲会早在1937年供奉妈祖。2018年11月，在新加坡水尾圣娘庙朋友牵线下，曾先派8人专程来湄洲洽谈2019年进香事宜，并得到祖庙的积极协助。2019年是历史上西河别墅林氏宗亲会第一次正式回湄洲妈祖祖庙谒祖进香。

2019年3月16日，新加坡西河别墅林氏宗亲会成员一早搭乘飞机，先到福州再转莆田，然后乘专车到达湄洲对岸文甲码头，准备乘船，大约晚上7点抵达湄洲岛。新加坡西河别墅林氏宗亲会共96人，由林潮阳主席带领，全部身着黄色宗亲会服，恭捧分灵妈祖、林府祖叔、千里眼将军、顺风耳将军等神尊，82年来首次回湄洲妈祖祖庙谒祖进香。

17日上午，新加坡西河别墅林氏宗亲会，敬备供品、香烛，并邀请"湄洲祖庙诵经团"为他们虔诚祈福，祈佑妈祖赐福，庇佑新加坡大众安居乐业。之后参观湄洲岛各处名胜。

五 万天府分灵台湾彰化护圣宫妈祖

台湾彰化鹿港的护圣宫，是台湾首座玻璃建造的妈祖庙，结合了艺术和宗教。夜晚灯光照射下，光彩丰富迷人。2013年，新加坡万天府从台湾护圣宫请了三尊琉璃妈祖回新加坡供奉，此后常回台湾护圣宫谒祖进香。新加坡万天府，成立于2006年，主祀万天将军，陪祀妈祖娘娘。据说万天府因灵验事迹不断，故香客盈庭。地址为新加坡大牌913后港91街10楼38号。

2016年150多位新加坡信众，特地带着金身妈祖来台湾会香，一起加入护圣宫的"入火安座"典礼。新加坡万天府宫主说："向圣母讨一点红，让你回去富贵一辈子。"同时在信众眉宇间点上朱砂。新加坡的金身妈祖停驻台湾鹿港期间，也有很多台湾信众跑来祈求妈祖消灾解厄，带来福气。台湾岛与新加坡的妈祖文化也有不少的联系。

2018年3月1日，新加坡万天府宫主蔡亚桦率领妈祖信众42人，连续第三年到湄洲祖庙谒祖进香，在祖庙林金榜董事长陪同下，在正殿向妈祖行三献礼仪式。万天府与湄洲祖庙也有联系合作。如2017年的"妈祖下南洋，重走海丝路——访马来西亚、新加坡"，及"湄洲妈祖巡游台湾"两大活动，万天府都组织妈祖信众参与。

六　在新加坡的传播现象与影响

新加坡长期为李光耀领导，其曾祖父是广东客家人，到新加坡发展后，生下李光耀的祖父。在其祖父十岁时，其曾祖父回广东另娶，没有再回来新加坡了。其祖父由其曾祖母在新加坡抚养长大。

所以李光耀祖父从十岁后，就以马来语、英语为主要语言。李光耀祖父娶福建闽南裔人，故李光耀虽血统上属客家人，但不会讲客家话，其自传提到，祖母在其小时候，曾教他福建话；新加坡称闽南语为福建话，但他学不起来，因为祖父与父亲多以英语为家庭语言。只有选举演讲时，李光耀才露出几句福建话，可能是秘书临时教的。

　　李光耀本人不太重视宗教，但新加坡的信仰文化氛围则是自由的，所以各种信仰文化都存在，也都丰富了新加坡的文化。新加坡有建筑宏伟的清真寺，数个典雅的中华众神宫庙与中华佛教寺庙，很有特色的兴都庙（Hinduism，印度教），与建筑古典的基督教堂。当地称"兴都教"而不称"印度教"，是因为新加坡也有不少印度裔的伊斯兰教徒，不是印度裔都信仰印度教。也就是说新加坡的马来人几乎皆为伊斯兰教徒，而新加坡的印度裔也有不少伊斯兰教徒。

　　新加坡的中华众神信仰宫庙中，天福宫在当地最为著名，19世纪中叶至今香火一直很好，目前成为新加坡重要的观光景点。天福宫一直是新加坡的福建会馆，即讲福建话（闽南语）人的会馆。另外新加坡兴安会馆天后宫也建筑宏伟，兴安会馆就是讲莆田话人的会馆，说明新加坡的妈祖庙与马来西亚一样，与方言族群会馆存在着密切关系。

　　新加坡的天福宫与粤海清庙都有中国光绪皇帝的题字，说明清朝皇帝对妈祖信仰文化的看重，也说明当时海外华人对中华传统信仰文化的看重。因为妈祖信仰文化，新加坡与福建、台湾有着更多的联系。三地妈祖文化活动往来不少，可说妈祖文化促进了华人世界之间更多的交流与感情。

伍 妈祖文化在越南的传播

2022年11月15日，地球人口超过80亿。而2023年4月，越南人口超过一亿，成为世界第十五个人口超过一亿的国家，在东南亚人口数目仅次于印尼与菲律宾。中国与越南关系渊远流长。

越南华裔当地称华族，广府人（讲广东话）与潮州人占多数。1976年曾有120万，1979年因中越战争等因素，越南大规模放逐华裔。目前华裔约为75万，占越南人口0.75%。这不是非常确定，因为有很多混血者，须看他个人对族群的经验与感情。越南把华裔当作是越南的一个少数民族。

这个统计不含"明乡人"后裔，因为明乡人代代相传，越南民族血统已占大部分。明乡人后裔被视为是越南最大民族京族（也称越族）的一部分。过去一段时间因越南社会对华裔不是很友善，故华裔人口因迁出而减少。目前为越南第九大民族。

秦始皇派兵南征，在今日越南北部设立"象郡"。越南北部边界首度入中国版图。这是中国史上唯一以大象为名的郡，可能是南征过程，发现当地产大象。

汉武帝时在今越南北部设四郡。东汉初年，光武帝时代，伏波将军马援南征平定征氏姐妹的叛乱（或称起义），并南巡立铜柱，以为帝国最南部，当时汉帝国版图可能达到越南中部。史书载马援将军在今越南中北部传授农耕水利等技术。与越南来台湾留学的学生谈，越南确实曾经有马援将军庙与征氏姐妹庙。只是古代的征氏姐妹20世纪后被视为越南抗中女英雄，在越南更为出名。

晋朝与隋朝时越南北部断续为中国版图。唐朝时，越南北半部也为中国版图。唐末各地割据，最后形成五代十国。或可说，形成五代十一国，越南北半部为安南国。宋朝初年宋太祖收服南方九国。宋太宗收服北方北汉一国。宋帝国曾与安南发生战争，没有取得胜利，最后承认安南独立地位，这是越南建国史大事。蒙古帝国在建立元朝前与元朝建立后，曾经两次发兵进攻安南皆未能获得胜利。

明朝初年，今日越南版图之北半部为安南，中南部为占婆国（Champa，中文又称占城）。之后安南发生内乱，明朝永乐皇帝派兵占领安南，但山区游击战持续。这是中国最后一次把越南北部并入版图。郑和下西洋，从福建省长乐出海后，每次都先到占婆。

明朝宣宗皇帝时，经过多年游击战，大明帝国军队最终退出，大明承认大越独立，但为明朝的朝贡国。后大越灭亡南方的占婆，整个占婆文明为大越彻底摧毁。根据近年考古，占婆为印度教国家。

一　明朝中末期大明商人到越南会安经商

越南有不少妈祖文化足迹与故事。越南至少从中国明朝中末期，就开始有妈祖文化的传播。初期主要是随着"大明国"商人到越南会安做生意。

16至18世纪，越南经历了南北分裂，即北方政权郑主与南方政权阮主。阮主政权在越南中部的重要港口会安推动国际贸易。去交易的商人多来自大明帝国、荷据台湾、郑氏台湾、葡萄牙（曾占有马六甲、澳门）、日本、荷兰等地。很多明朝人顺着冬季东北季风到达会安，借着夏季西南季风返乡。越南本地人称这些人为"坐船来的人"。

会安在越南中部海岸，是16至19世纪时东南亚重要的国际贸易港口之一。早期会安的大明商人聚集的地方称为"大明客庸"，后来也称"大唐街"，即华裔、华侨聚居之地。妈祖信俗最早传播到越南，应该与大明国商人到越南会安做贸易有关。

二 1679年郑成功水军撤往越南，明乡人维持习俗

1644年李自成攻入北京，几天后满清入关，大明帝国突然灭亡，中国东南部持续动荡，有一些人就逃亡至越南。郑成功水军到越南是一个颇特殊的例子。1679年，中国大陆三藩之乱接近结束，郑经在中国大陆上的部队撤退中，当时郑氏南海舰队的基地广州雷州半岛将不守，撤退回台湾有难度。

3000多忠于明朝不愿降清的军士及平民，在郑氏水军杨彦迪、黄进、陈上川、陈安平四将军领导下，分乘五十余艘军船，就近航向越南的中南部，最后迁入越南广南国与高棉交界的地方，当时越南北边与南边分裂，南边为广南国。

三年多后的1683年，施琅率军渡海，澎湖一战郑军伤亡大，不久郑克塽投降清朝，结束22年的南明郑氏政权。而之前到越南的3000多人便只能留在当地了，后投靠当时由阮氏家族控制的地方政权广南国。同一时期，另有170多名郑成功的其他属下，自台湾流亡至会安。

当时阮主贤主阮福濒担心收留明人会招致清朝不满，故命其迁居水真腊，令他们协助越南开拓南部疆域。这些人于是伙同越南军队开拓出当今的同奈、平阳、西贡及西南部大块版图。移居原柬埔寨的东浦地区（今越南嘉定地区）。1698年，新阮主命阮有镜远征水真腊，正式将嘉定纳入版图，设置嘉定府。

其后阮主广南国向杨彦迪、陈上川等颁授官位，命其继续开垦南部疆域，包含了今日的嘉定省（胡志明市）、定祥省、边和省（今同奈省）。而这些明郑士兵多数与当地越南人通婚。当时除郑氏水军，也有其他流亡至越南的华人反清人士加入这个独特的华人

社区。

因越南的"明朝人"为越王开疆拓土有功,广南国为其制定政策,下旨准其在当地立社自治,设立称为"明香社"的村社组织,明香意思就是"维持明朝香火"。村社的男性成员为明朝人与明越混血居多,女性成员则多为越南本地人。而这些人的后代,就形成了俗称的"明乡人",狭义是指越南主要民族——京族内的一群华越混合后裔。

随者明乡人在越南中部及南部的落地生根,他们把中国南方的传统信俗带入越南,妈祖与关公信仰也逐渐在当地发展起来。这是妈祖文化传播海外的一个较特殊故事。

三 1690年建会安福建会馆天后宫香火至今

越南会安,明朝中末期已有大明商人活动。而1644年满清入关,南明与郑成功抗清,大明帝国灭亡之后,有不少原明朝华人为避战乱,或因担心政治报复、不愿臣服清朝而迁徙到越南的会安,增加了越南会安的华人的人数。北方的郑主政权,为防止遭到清帝国的干涉,对心怀中国明朝的移民实行较严格的同化政策。

南方的阮主政权为对抗北方的郑氏政权,对这些华人移民较为欢迎。所以越南的南部那时就开始建有一些妈祖宫庙。1626年(明天启六年)会安海平宫被兴建,据李天赐[①]研究,这是目前所知越南境内最早的妈祖庙。

---

① 李天赐《越南华侨华人妈祖信仰初探——以胡志明穗城会馆天后庙为重点》莆田学院学报2011年第1期第1-7页。

而会安市的福建会馆天后宫也颇具规模。福建会馆在陈富路46号。是目前会安面积最大、建筑最辉煌、香火最盛的妈祖庙。福建会馆最初为1690年兴建的草庙（当时称金山寺），主要供奉妈祖。后来1757年由福建帮出资改建为瓦庙。名称由金山寺改名为"闽商会馆"。1849年增建后殿供奉六姓王爷公。

1895至1900年修建成今日外形与规模，1900年改名为今日称呼的"福建会馆"。门楼题字，前为"金山寺"，后为"天后宫"。今天福建会馆的庭院还有金山寺。福建会馆留有四个碑文，分别为1757年的《福建会馆》碑、1974年的《福建会馆重修》、1974年的《本会馆重修及增建前门碑记》以及近年的《天后圣母史略简介》碑。这些碑文指出，至少1757年即有福建会馆，且就供奉有天上圣母。今天的会安福建会馆天后宫除香火不错外，也发展为当地重要的观光景点。

四 西贡1730年霞漳会馆与1760年穗城会馆香火旺

越南胡志明市，旧名西贡，是越南南方最大城市，其也有历史悠久的天后庙，"参拜天后"越南语为：Chua Ba Thien Hau。在胡志明市去妈祖庙拜妈祖的可不仅是华裔、华侨，也含有纯越南人，或混有华裔血统的"明乡人"。妈祖也可以说是越南重要的传统信仰了。越南重要的妈祖庙不少，举西贡两座香火鼎盛的妈祖庙说明之。

1. 建于1730年的霞漳会馆祠堂

除穗城会馆天后宫外，霞漳会馆祠堂是另一座胡志明市的重要妈祖庙,大约建于1730年。听名字就知道这是福建省漳州府人群及其后裔所建的会馆,用的方言是闽南语。除主要供奉妈祖,还供奉玉皇大帝、福德正神、关圣帝君、包公、齐天大圣等。

这是当年福建人在胡志明市打拼时留下的一座祠堂类建筑物,它的功能不仅是作为祠堂,其实也是一座兼为祠堂的天后宫。其主神像是由福建的中国人在福建当地打造好后从福建海运至越南的。霞漳会馆妈祖庙对联为"临山城神通广大,镇海国威力无边。温文擅胜统千秋,行李往来瞻此地",颇具意义。显示妈祖在越南信众的心目中,神通广大、威力无边。

2. 建于1760年的穗城会馆天后宫

位于胡志明市第五郡华人区的天后宫,又称"穗城会馆天后宫",穗城即广州,看到名称就知道,这天后宫与广东省广州有关。这是越南胡志明市现存香火最旺的妈祖庙,原建于清朝乾隆年间,后来在嘉庆五年、道光二十一年、咸丰九年、光绪八年,都一再重修。这座庙原是由广东移民创建,后来逐渐成为西贡华人的重要信仰中心。其《穗城会馆重修碑记》记载会馆大约建于公元1760年间(乾隆二十五年)。

由于香火鼎盛,朝拜信徒众多,天后宫在1910年还拿出信徒的献金,成立西贡最早的一家华语学校"穗城学校"。天后宫内属于创庙时的文物已不可见,但光绪年间的那一次重修,在庙内留下丰富的交趾烧,非常珍贵,这些交趾烧主要都放置在寺庙檐角与梁柱上。

这座天后宫是由四个华人会馆,包括广东帮、潮州帮、福建帮与客家帮负责管理。这里福建帮较多的是福建闽南语系的人。终年香火鼎盛,每年正月十四、十五日庙会,常有数量众多的华裔和越南人参加,相当热闹。

1993年穗城会馆妈祖庙被越南选为国家级"历史文化遗产"加以保护，并荣获越南国家主席颁发的三等劳动勋章，表彰该庙理事会为加强世界民族大团结，促进中越民族文化交流，为社会公益事业做出的巨大贡献。

五 2005年越南台商创建巧圣庙也祭妈祖

到2019年，超过六千家台湾企业在越南投资。越南平阳省傍着胡志明市，在胡志明市（西贡）的东北边。2005年为了感念巧圣仙师的保佑，当地台商提出想要兴建一座宫庙为信仰寄托。因早年不少来自台湾的商人到越南平阳省投资设厂制造木器，出口为主，因此建庙时就以木匠之祖鲁班为主神。这构想很快得到当地政府支持，并协助找地，很快批准相关程序。

于是集合越南众台商的力量，在越南平阳省神浪工业区内，平阳台商会馆的右侧成立了台商协会"越南巧圣仙师庙"，常简称为越南巧圣庙。此庙中供奉有三尊神祇，其中主座乃为巧圣"鲁班仙师"，右侧为关圣帝君，左侧为天上圣母妈祖娘娘。

越南巧圣庙并且从台湾台中市东势区巧圣先师开台祖庙分灵至越南供奉。而且有时也迎神明也返回台湾谒祖进香。例如2018年5月28日，台中市举行巧圣先师文化祭及巧圣花车游街，游行队伍并到清泉岗机场迎接来台的越南巧神庙的神尊及人员，然后一起游行绕街。

每年三神的圣诞日及中元普度节，都会举办不少活动。如2019年8月10日巧圣庙举行了一年一度盛大的中元普度仪式，祈求风调雨顺外，也捐赠救济物资。根据平阳台商会资料，这一年中元普度共募得4380箱民生物资，全部捐赠给越南公益慈善单位。

六 2018年湄洲妈祖分灵越南珠洋市天后宫

越南珠洋市接近越南国土的南端，胡志明市（西贡）的西南方向，道路距离约250公里。珠洋市人口16万多，越南主要民族京族只占29%，高棉族占52%，华人占17%。珠洋市的华人主要是广东省潮州裔，所以珠洋有"小潮州"的说法。珠洋天后宫与"清明古庙"，是当地省级历史文化遗迹，也是当地华裔的信仰中心。

2018年8月27日，越南滀臻省珠洋市天后宫赖进兴会长一行人，由越南前来湄洲祖庙恭请分灵妈祖。在湄洲祖庙吴国春副董事长的陪同下，举行了三献礼及割香掬火仪式。随后吴国春副董代表祖庙颁发了分灵证书。

赖进兴会长说，珠洋市天后宫和湄洲祖庙一样，每年在妈祖诞辰农历三月二十三日和元宵节会举行大规模的活动。吴国春副董说，妈祖近年在海外传播持续升温，特别是湄洲祖庙启动"妈祖下南洋，重走海丝路"文化交流活动，在海内外引起关注。妈祖"立德、行善、大爱"的精神纽带力量，正促进世界妈祖信众的心灵契合[1]。

珠洋天后宫已有二百多年的历史。2018年分灵时新的妈祖殿正在修建中，2019年3月29日（农历二月二十四日）举行新殿落成典礼，然后迎接7个月前分灵而来的湄洲妈祖进驻。新殿建筑古

---

[1] 中国新闻网《湄洲妈祖分灵越南珠洋天后宫》（2018-08-27）。

2018年8月27日，湄洲妈祖分灵越南淊臻省珠洋市天后宫。（湄洲祖庙提供照片）

典华丽，绿顶、红门、白灰柱，似乎越南与柬埔寨的妈祖庙建筑较为鲜艳。庙前广场颇大，这是越南最漂亮的妈祖庙之一。正殿匾额，由右向左为"天后古庙"四个传统汉字，大门有"海国慈航"四字，庙前广场旁有小建筑，匾额写"福德庙"，正殿两柱子也有汉字词句，所用汉字皆为繁体字，与台湾、香港所用文字一样。

2019年3月25日至29日，湄洲妈祖祖庙由董事会副董事长吴国春一行3人代表，应越南珠洋天后古庙的邀请，到越南参加珠洋天后古庙复建落成典礼。另外也到越南会安（岘港）福建会馆、中华会馆、广肇会馆等地交流妈祖文化。

七 在越南的传播现象与影响

明朝末年就有不少华人至越南与日本经商。而明朝灭亡，又带来一批新的移民，不少人也把妈祖文化带往越南与日本。1644年史书记载为明朝灭亡，清朝入关的一年。实际上，与满清的对抗，至1661年郑成功复台，持续了17年。郑成功复台后，又持续20多年。主要是南明诸王政权、三藩之乱、郑成功及其子郑经在台湾的抵抗等。这些侵略与抵抗带来的动乱，也带来政治难民。

这一段时间有不少华人向中国台湾岛、越南中南部、日本（含琉球王国）流亡。他们有些是政治难民，因参加反对满清的活动，不得不流亡海外。也有些是不愿臣服夷狄，宁到海外生活。这些人中间的一部分也带去了妈祖文化，这是妈祖文化在越南开始大规模传播的重要原因。

为什么这些忠于明朝的人民未逃往朝鲜半岛或菲律宾群岛呢？因朝鲜半岛已先臣服于清，后清军才入关，逃到朝鲜半岛较有可能被抓回中国。当时越南分裂，北部越南较可能受到满清压力而抓回这些对满清不满的明人，逃到越南中南部是适当的地方，流亡到日本也是。至于菲律宾，当时为西班牙所统治，西班牙政策并不欢迎华人移往。

他们又思念故国，想居住在离中国较近的地方。所以这些忠于明朝的人移往今日泰国、马来西亚半岛等的也不多。故流亡越南中南部与日本是较佳选择。他们带去了妈祖文化，所以越南与日本最早的妈祖庙大约是在这一时期兴起的。

郑成功将士抵达越南，逐渐传播中国东南方沿海文化于越南中南部，几乎全部与当地越南人通婚，其后裔成为"明乡人"。而19世纪中后期，海上交通较改善，又有一大批华人到越南。越南北部首都河内，与越南南部胡志明市（西贡）都有华人移民兴建的侨民会馆与妈祖庙，近年香火恢复兴旺。

而近年又有很多台商投资越南，其中不少希望神明保佑平安生产，故向越南政府申请，得到允许后兴建新妈祖庙。近年不少越南华裔，恢复对妈祖文化的热情，甚至到中国湄洲祖庙分灵妈祖，21世纪越南的妈祖文化似乎也在复兴当中，也成为中华与越南的重要文化媒介。

陆

妈祖文化在柬埔寨、泰国、缅甸的传播

一 柬埔寨2016年建持法妈祖宫分灵自台湾云林

柬埔寨2023年人口为1730多万，华裔约占1.5%。柬埔寨至少有两个妈祖庙的妈祖分灵自台湾，例如金边持法妈祖宫和天慈圣阳坛。

2014年，柬埔寨的台资企业在首都金边开始建造柬埔寨持法妈祖宫，2016年完工，分灵自台湾云林县虎尾镇的持法妈祖宫。庙里的梁柱上挂有写着"湄洲天上圣母"的挂灯。台湾的持法妈祖宫在台湾云林县虎尾镇顶溪里一五邻西园46号，初创于1992年，历史并不悠久。有别于一般传统妈祖庙，持法妈祖宫将传统文化以艺术形式呈现出来，墙上柱子上刻画着许多动人的传统故事，还绘有美丽的白玉妈祖。

天慈圣阳坛位于柬埔寨金边市洞里萨湖旁。21世纪初柬埔寨经济较为落后，但此庙建筑也颇有规模，有中华传统主殿与中华传统牌楼。主殿门上有由右向左"天慈圣阳坛"五个传统汉字（繁体字）的匾额，同匾额汉字上方有柬埔寨文字。

天慈圣阳坛是由居住于美国的华裔陈先生所赞助兴建，为保佑在柬埔寨的两位家人，2002年动工，2006年完工，随后从台湾请来分灵妈祖。

二 泰国1851年曼谷建四丕耶七圣妈庙

泰国是东南亚十个国家中，华人同化最成功的国家，也是同化最深的国家。泰国受第二次世界大战波及较小，多年无战争。泰国社会各阶层信奉佛教，而海外华人也有很多人信奉佛教，宗教信仰文化较为类似。根据1983年的数据，630万泰国华裔中，潮州人有441万，是华裔总数的70%，这是很大特色。2023年泰国人口为6900万，在东南亚十国中，排第四，次于印尼、菲律宾、越南。2023年经济规模则为东南亚第二，仅次于二亿多人口的印尼。潮州人主要保护神是大峰祖师和七圣妈（就是妈祖）。泰国很多华人会馆皆赞助中华传统众神信仰，例如，曼谷的潮州会馆就赞助三座中华神明宫庙。

泰国有不少妈祖庙，其中泰国四丕耶七圣妈庙在曼谷四丕耶区石龙军路39街27号。四丕耶是地名，这个区的名字。大门上有"四丕耶"小字及"七圣妈庙"四个大字，这是主要奉祀妈祖的庙。南殿大门对联为"七显功高扶泽国，圣施德厚保唐民"。"泽国"指的是泰国，"唐民"就是泰国的华裔。

七圣妈庙主祀七个不同造型的妈祖。左祀观世音菩萨，右祀佛祖、关圣帝君、福德伯公、福德白妈、拉玛五世。福德伯公就是土地公。东南亚很多地方称土地公庙为伯公庙。拉玛五世则是泰国皇室第五位国王，今日泰国国王是拉玛十世。

七圣妈庙有六块颇具有历史价值的横匾，当然都是繁体中文。其中一块判断不出何年何月，其余五块年、月、敬奉者都很清楚。最古老的是1851年（咸丰元年）仲秋吉立"威灵显赫"，弟子梁示兴、曾际春敬酬。第二古老的是1882年（光绪八年）岁次壬午仲冬吉："求则得之"，沐恩弟子广府黎观敕雷群大仝敬酬。

七圣妈庙外观非常类似潮汕与闽南传统的宫庙，规模不大。与台湾的宫庙也像，只是台湾近年兴建的妈祖庙一般较为高大壮观，庙内所有文字都是和台湾一样的繁体中文，仅从外观感觉不出这庙是在海外，只有发现左边陪祀的泰国国王拉玛五世时，才意识到这庙是在泰国曼谷。

三 泰国2006年新创南瑶宫台商分灵自台湾彰化

台湾彰化市南瑶妈祖宫是台湾三级古迹，始建于清朝乾隆年间。很多台湾商人投资于东南亚，其中有些台商为了使工厂更安定，员工也能受到妈祖保佑，故把妈祖文化也带了过去。

2006年3月21日，来自台湾彰化南瑶妈祖宫的分灵妈祖抵达泰国，南瑶妈祖宫的人员护驾随往泰国，曼谷市长亲自到机场迎接，其后并在曼谷绕境。于是主祀妈祖的泰国南瑶妈祖宫成立了，分灵的妈祖供奉于泰国台商的厂房近十年。

除妈祖外，还供奉多座自台湾分灵而来的妈祖，如来自台湾屏东县车城福安宫的福德正神，来自台湾桃园市保障宫的文昌帝君，来自台湾台中市乐成宫的月老神君。这三个宫庙，都是这三神在台湾较权威与著名的宫庙。

泰国南瑶妈祖宫其后购买土地，兴建新的宫殿。宫庙园区幅员广阔，常举办活动。例如，2018年5月8日（农历三月二十三日）为妈祖圣诞，泰国南瑶妈祖宫举行"祝寿暨花灯博览会"。5月4日开灯仪式后展开一系列活动，至5月13日晚间11时关灯圆满落幕。此次活动也是泰国玛哈猜府地方宗教文化之盛事。

花灯博览会期间，整个泰国南瑶妈祖宫园区灯火辉煌，估计每日约有上千人次泰国信众进入妈祖园区，参观美轮美奂的花灯，并祭拜神明，踊跃情况为泰国南瑶妈祖宫分灵来泰12年来之最。

台湾彰化南瑶妈祖宫有分灵妈祖至泰国，传播了妈祖文化。此外近年其数次组团至湄洲妈祖祖庙谒祖进香，又加强了两岸妈祖文化关系。2019年6月4日，听说其将进香，笔者特地至湄洲岛，观察其进香仪式。南瑶妈祖宫与湄洲祖庙与泰国南瑶妈祖宫都有互动，论证了台湾妈祖的世界分灵，不仅不减少两岸关系，还加大两岸的妈祖文化交流，并在世界发扬了中华传统文化。

四 缅甸1863年创建的仰光庆福宫香火仍旺

缅甸2023年人口大约5567万，华裔约占2.5%。缅甸的"庆福宫"是仰光最大也是最古老的一座妈祖庙，位于仰光市拉塔区的中国城，始建于1861年（咸丰十一年），完成于1863年。由仰光的福建会馆负责兴建，主要由仰光的福建会馆会员及仰光的中华船运商团共同出资，建筑为典型的闽南建筑，至21世纪香火仍旺。

据说19世纪的建筑材料也是特地从福建运到缅甸。主殿除了有妈祖神像之外，左侧供奉关公，右侧供奉保生大帝。每逢传统年节，庆福宫经常举办庆祝活动。庆福宫的主要信众为福建裔华人，除此之外亦有部分客家裔、广东裔信徒。重修于1897年冬季（清光绪廿三年），又修于1954年。

从1965年开始，缅甸推行禁华文运动和排华政策，所有华文学校被政府接管，故缅甸华人无法接受正常的中文教育。但由于缅甸对佛教的尊礼，为了不使华文教育受到中断，华人寺庙以宗教名义来进行中文教学的方式开始产生，仰光庆福宫就以"佛教补习班"这种形式来继续中华文化的传承[①]。

---

① 《庆福宫——对缅甸华人文化传承的感触》星球旅游（2012-03-02）。

五　在柬埔寨、泰国、缅甸的传播现象与影响

泰国与缅甸是佛教文化兴盛的国度，柬埔寨曾是印度教兴盛的地区，目前佛教也是其社会重大的力量。而妈祖文化在泰、缅、柬也有一些宫庙，而且香火持续百年，目前仍盛。妈祖文化在柬埔寨、泰国、缅甸的传播路径，主要也是当地华裔、华侨及台湾商人的赞助。很多老妈祖庙与福建会馆有关。

缅甸的庆福宫主要由当地的福建会馆支持兴建。泰国不少妈祖庙主要也是华人会馆的赞助。另外柬埔寨、泰国都有台商赞助兴建的妈祖宫庙，这是妈祖文化传播的一个较特别的路径。妈祖文化在柬埔寨、泰国、缅甸可说有其一定的影响力。

柒 妈祖文化在菲律宾、印尼、文莱的传播

一　菲律宾1977年建隆天宫成为观光胜地

菲律宾人口已经超过1.1亿，人口数量在东南亚仅次于印尼，菲律宾使用菲律宾语与英语，约78％人口信奉天主教，另约20％人口主要在南部民答那峨岛，则信奉伊斯兰教。1519年至1521年葡萄牙人麦哲伦为西班牙支持，率领五艘船只出发，完成航海史上首次绕地球一圈的航行，1521年他死于与菲律宾当地部族的冲突中，其余船员于1522年回到西班牙。随后西班牙人于1565年至1571年期间逐步占领菲律宾群岛，菲律宾名称由来就是纪念当时王太子，其后被称为菲律二世（或称飞利浦、菲力，只是译音不同）。因菲律宾曾为西班牙长期统治，故受天主教影响很深。

1898年，菲律宾与古巴发生反对西班牙统治的声浪，爆发"美国——西班牙战争"，西班牙舰队几乎全军覆没，美国占有古巴与菲律宾，菲律宾展开游击战，最后美国答应逐步让菲律宾自治与独立。1946年二战后，菲律宾正式独立。菲律宾的华裔较少，因为西班牙长期统治时，不太接受华人到菲律宾为劳工或经商。菲律宾的华裔主要为闽南移民，讲闽南语。

菲律宾有一个很特殊却隐藏的现象，那就是从独立建国后，非直选与直选总统一样，菲律宾有近半数总统含华裔（闽南裔）血统。虽然菲律宾的华裔占人口比例才1％左右，这是世界历史里很特殊的现象。当地人也不想了解，这些总统为顾及当地多数选票，也不想强调，为何有如此现象，就留待未来继续研究解释了。

根据菲律宾华人陈笑予所著，《菲律宾与华侨事迹大观》中记载，菲律宾吕宋岛南部描东岸省（Batangas，又译八打雁省）的塔尔镇（Taal，又译达亚）有一座创建于1572年的妈祖庙，380

多年后的 1951 年，当地华裔将其迁建于描东岸市，另建妈祖天后宫。《湄洲妈祖志》也采纳 1572 年这个说法，最近探究，则可能证据不够充分，仍不能确定 1572 年菲律宾就有妈祖庙。

根据统计，至 21 世纪初，全菲律宾的小规模的天上圣母庙或妈祖庙，可能达到 100 多座。1969 年菲律宾马尼拉的福海宫被创建，1975 年创建描东岸省天后宫，1977 年创建拉允隆省（La Union，或译联合省）隆天宫。1977 年兴建的隆天宫建筑华丽，福建有网络文章，曾误用照片，把隆天宫的建筑，误当成传说中 1572 年的第一座菲律宾妈祖庙。

隆天宫在菲律宾拉允隆省的圣费尔南多（San Fernando）的奎松大道（Quezon Avenue，奎松为菲律宾第一任总统）上，是一个具有中华古典风格的妈祖庙。这是由一群菲律宾华裔，在 Dy Keh Hio 领导下，并在菲律宾前旅游部长的支持下建造完成的。

当地正式庙名为 The Ma-Cho Temple，不是英语常见的 Mazu 或 Matsu，而是 Ma-Cho，这个妈祖发音是用闽南语拼音的。另有中文名"菲律宾隆天宫"，写在主殿上。柱子有中文对联，皆传统中文字（繁体字）。主殿有三层楼，风格较接近台湾，两旁皆有楼梯上二楼，楼梯有白色扶栏，庭园有白灰色石狮、八卦亭、观音塑像（传说妈祖为观音转世），面对不远的海洋，背倚着山，风景秀丽，已成为当地观光胜地。妈祖庙及附近的圣费尔南多干货市场都是当地热门观光景点。

此外台湾云林县西螺福兴宫的脸书资料也记载，2019 年 4 月 8 日，欢迎菲律宾隆天宫副董事长吴传顺，率各执事人员莅宫参访指导。菲律宾与台湾的妈祖交流活动也不少。

二　菲律宾 2018 年慈航禅寺到湄洲分灵妈祖

2018 年 3 月 23 日 6 时 30 分，妈祖的故乡，福建莆田湄洲岛妈祖祖庙举行庄严的割香掬火礼。菲律宾岷里拉慈航禅寺董事长洪庄严、住持杨端贞率信众共 38 人沐手拈香，遵循古制，在通赞的主持下，举行妈祖、千里眼、顺风耳和侍女等神尊的分灵仪式。

然后，在祖庙十音八乐阵头开路下，菲律宾慈航禅寺一行恭抬着分灵妈祖，踏上回菲律宾的行程。

近几年，菲律宾慈航禅寺与湄洲妈祖祖庙交流密切。2017 年"妈祖下南洋·重走海丝路"暨中马、中新妈祖文化活动周中，慈航禅寺也派人专程前往马来西亚和新加坡共襄盛举，全程参与妈祖文化交流活动。

另外菲律宾很多妈祖宫庙与台湾的妈祖宫庙常有互动交流。1988 年，菲律宾的宿务华裔华侨，从台湾北港朝天宫，迎回妈祖分灵神像，到宿务"先天圣道院"奉祀。菲律宾的宿务岛，位于国土中部，为世界闻名的海滩度假胜地。先天圣道院是"一贯道"的道场宫庙，一贯道是 20 世纪新兴的教派，主张融合儒、释、道、基督、回五教教义，信仰者互称道亲。妈祖也是其信仰之神。

2018 年 3 月 23 日，菲律宾慈航禅寺到湄洲祖庙参访，并分灵妈祖等神明。（湄洲祖庙提供照片）

三　印尼1819年兴建的美娜多万兴宫维持传统

美娜多（Manadog）是"北苏拉威西"省之首府，也是印尼仅有的八成信奉基督教之岛，曾经遭遇西班牙、葡萄牙、荷兰、日本等统治数百年之久，遗留了可观的历史古迹，如博物馆、教堂等。而万兴宫（Ban Hin Kiong Klenteng）妈祖古庙也被视为是当地重要的古迹。

当地华人常至万兴宫妈祖庙参拜，位于市中心的万兴宫颇为显眼，它是初建于1819年的宫庙，可说是当地华人的信仰中心，"万兴宫"是印尼东部最古老的中国宫庙。

美娜多有两座中国传统的寺庙，都是位于唐人街，一座是祭拜妈祖、观世音、福德正神、天上圣母等神祇的万兴宫，另外一座则是主祭关圣帝君，这两座寺庙也成为美娜多的特殊景点之二。万兴宫饱经风霜，在二次大战遭日军占领时，曾遭美军炸毁，目前建筑是后来重建的新宫。

因经历过几次印尼的排华活动，为免信众遭殃，庙内的捐助重建人士芳名碑亦刻意破坏，以至模糊难辨。印尼的人口中，伊斯兰教信众占绝大多数，而伊斯兰教是反对偶像崇拜的。所以印尼的中华宫庙活动，有时会与当地有小冲突。在伊斯兰教国家中维持中华传统信仰不容易，但当地华裔的信仰文化显然很坚定，古老的妈祖传统仍保留得很好。

四　印尼1823年建福善宫，2015年湄洲进香

2015年3月24日，印度尼西亚东爪哇省（Jawa Timur）惹班

市（Mojokerto）福善宫（Hok Sian Kong）的妈祖敬仰者一行44人护送妈祖回娘家，这应该是印尼近年来规模最大的回娘家队伍。

福善宫的妈祖善信到湄洲祖庙正殿，祖庙钟鼓齐鸣，迎接分灵妈祖及妈祖信众。诵经祈福活动延续约一个小时。惹班市福善宫主席何可芳说，福善宫的妈祖是100多年前，祖先下南洋时，从湄洲祖庙分灵至惹班的。

2019年底，印尼福善宫从中国请来新的福善宫天上圣母金身，这是红木雕塑的。经过3个月，2020年1月25日，印尼东爪哇省惹班市福善宫善信，在春节前夕，清洗庙堂的30多座神明菩萨金身。庙堂理事与善信，共同用细刷子刷掉菩萨金身的尘埃，再用浸了玫瑰花及茉莉花的水清洗菩萨金身。在此之前，在庙堂理事的带领下，信众们向菩萨金身上香祭拜，并献上瓜、果等祭品，所有参加清洗菩萨金身的信众都要素食2天。

2023年5月14日上午，印度尼西亚东爪哇省惹班市福善宫，因为庆祝建立200周年庆典和天上圣母妈祖诞辰1063周年，特别举行了金身与文化巡游活动。其实这个活动也展现了印尼的宗教宽容及丰富多彩的文化。

当天上午6时，来自印尼各地区的51个庙宇，组成了金身巡游队伍，逐步按顺序出发，圣轿上抬着中华众神，包括妈祖、观世音菩萨、玄天上帝、福德正神、关圣帝君等金身塑像，沿着惹班市的主要大街游行巡安，吸引了万余民众走上街头观看在印尼举行的中华传统文化游行。

泗水市三保圣庙主席陈仁玉说，感谢福善宫筹备委员会的邀请，参加了这次金身与文化巡游活动。希望通过此活动，可以团结惹班市各宗教和各族群的友谊，因为金身巡游活动，呈现了印尼各地庙宇文化。

五 印尼 2018 年分灵湄洲妈祖至东爪哇三保庙

2018 年 4 月 20 日，印度尼西亚华侨陈荣儒、陈新强率团赴湄洲祖庙，在湄洲祖庙吴国春副董事长见证下，恭请湄洲妈祖分灵印度尼西亚东爪哇"印尼妈祖分会"的锦兴宫与泗水三保公庙。东爪哇首府泗水市的三保公庙主祀郑和，这次陪祀妈祖也很适合，因为郑和也祈求妈祖保佑航海。

泗水三保公庙简称三保庙，在泗水市淡目街 43 号。大厅中央香桌上是一座三宝公郑和金像，该庙主祀三保大人郑和，此外还供奉佛教的释迦牟尼和中华传统众神信仰的土地公、"神橹"① 和船公。原址在泗水莫洛克伦邦安（Moro Krembangan），离贝拉港不远。约建于 17 世纪末 18 世纪初。20 世纪 30 年代，因荷兰殖民当局要建飞机场，遂迁至今址。

在湄洲祖庙天后殿，尊古礼分灵妈祖香火交割后，陈荣儒一行，恭抬分灵的四尊妈祖像和千里眼、顺风耳两将军像回印尼。陈荣儒介绍，印尼华侨两百多万人，大约十个印尼人中有一个华人。在印尼宗教信仰很多，伊斯兰教、佛教、基督教、天主教都有，但很多华侨信仰妈祖，特别是在爪哇省。

泗水（印尼语：Surabaya），是中文的独特称呼②，当地名称

---

① 泗水三保庙三保大人郑和塑像后，有一个大铁锚。还有一根长 6 米、直径为 60 公分的船橹，据说这是当年郑和舰队留下的。平时那根大橹用黄色绸布包扎起来，横放在玻璃长柜内。有重要来宾光临时，才把黄色绸布打开。当地许多华裔和一些爪哇人把铁锚和大橹敬为神圣之物，前来祈祷，以求福赐祉，避祸禳灾。

② 清朝初年大批中国福建省漳州府龙溪县人移民到印尼，带去龙溪县信仰"泗洲佛祖"即"男相观音"，并建庙供奉，祈求保佑人们免受鲨鱼和鳄鱼的伤害。后来"男相观音泗洲佛祖"的庙宇简称"泗水庙"，就慢慢演变为"泗水"的地名。泗水庙即现在的泗水观音佛祖庙。

可音译为苏腊巴亚,是印尼第二大城市,位于爪哇岛东北角,临马都拉海峡和泗水海峡。泗水为东爪哇省首府。

六 文莱2007年圣后宫到湄洲祖庙进香

文莱国面积曾经比现在大很多。600多年前,文莱第二任国王,亲率王族、大臣等150多人,于1408年搭乘郑和舰队,到南京拜访,后因病逝世葬于南京郊区。1421年,明帝国才正式迁都北京。明永乐皇帝为文莱王国御制镇国碑文,亲赋《浡泥长宁镇国山诗》。浡泥国王墓,位于中华人民共和国江苏省南京市雨花台区,2007年,以浡泥国王墓为依托的文莱风情园在一期环境整治工程结束之后正式免费对外开放。

当时文献称渤泥,其实译音更正确。文莱的马来文与英文皆为Brunei,译浡泥贴近,因20世纪及之前,文莱有很多人住于河

2007年4月25日,文莱圣后宫的妈祖信众手捧妈祖神像、香炉到湄洲岛谒祖进香。(湄洲祖庙提供照片)

边、河上搭房或海边，故加水旁也正确。近代中文称文莱，那是闽南语对 Brunei 的发音。文莱是东南亚人口最少的国家，人口只有 45 万。但因盛产石油、天然气，故经济富裕。2015 年，华裔占文莱人口的 10.1％。文莱的华裔约八成祖籍为福建省金门县。

2002 年金门县烈屿（小金门岛）青岐关圣太子庙重建落成，并举行奠安庆典，当时文莱圣后宫曾捐三万五千元台币。2007 年 4 月 25 日，东南亚国家文莱的圣后宫妈祖敬仰者，也千里而来，手里捧着妈祖神像、香炉，到福建省莆田湄洲岛谒祖进香。

七 在菲律宾与印尼的传播现象与影响

菲律宾与印尼的妈祖文化传播，主要仍是当地华裔社区的贡献。菲律宾 80％ 人口为天主教徒，且华人占比较少，因为长期的西班牙统治是不欢迎华人的。因地理位置接近台湾与福建，如华人大量涌入，可能会有领土疆域问题，西班牙可能将面临另一个大国的竞争。

据《台湾外记》等记载，郑成功据台湾后，曾想出兵攻占菲律宾。另一方面，英国统治下的马来西亚与新加坡，离中国较远，没有领土疆域问题，且当地马来人众多，华人与印度人迁往，可分散马来人的力量，利于英国统治。所以马来西亚与新加坡有较多的华人。

菲律宾虽然华裔少，但影响力不小。菲律宾华裔主要是福建移民，尤其是闽南，所以菲律宾也有不少福建敬拜的神，包含妈祖。菲律宾 1977 年新建完工的隆天宫妈祖庙颇为壮观。妈祖宫庙能够持续新建，当然须有信众的捐资，这些都说明了妈祖文化在海外持续兴隆的景象。

印尼这个国家中伊斯兰教影响巨大，伊斯兰教反对偶像崇拜，中华众神信仰在印尼并不容易生存，偶尔会与伊斯兰教的激烈分子发生冲突。但当地还是有中华传统信仰的宫庙，说明了中华传统信俗文化的坚强。另一方面，妈祖文化在印尼等伊斯兰教地区的传播，也须特别注意细节，避免与当地宗教文化发生冲突。

妈祖文化发源于中国福建省，比起其他外国地区来说，在东南亚地区的传播现象是较为明显的，而且绵延数百年。东南亚很多国家的妈祖宫庙仍然香火旺盛，且越南有稍微复兴的趋势。妈祖文化与其他中华传统众神信仰文化，都对当地华人的凝聚与团结，有着相当的贡献。

总体观之，东南亚的妈祖文化较为兴盛。越南胡志明市的妈祖庙，是当地重要观光资源。又例如建于19世纪中叶的新加坡天福宫，这是新加坡闽南语系民众的会馆，已经发展成新加坡重要的历史建筑，在当地的观光价值，可以比拟新加坡重要的清真寺，或印度教重要建筑。天福宫也提高了当地华人的文化自信与文化认同。新加坡华人文化"认同"问题，也是当地"海外华人研究"的一个课题，当地称为"Identity Research"，而妈祖文化确实加强了当地华人对中华文化的认同。

捌

21世纪三下南洋,彰显东南亚妈祖热情

2015年10月，湄洲妈祖祖庙获得批准为第一批"中国华侨国际文化交流基地"。从此以后，湄洲妈祖祖庙加速发展"湄洲妈祖巡天下"及各种相关活动。曾经先后巡安新加坡、马来西亚、菲律宾、泰国等国家，并且连接"一带一路"倡议。发源于福建省的妈祖文化愈来愈像是一个跨国的国际重要信仰文化。

一 2017年马来西亚、新加坡巡安

2017年7月1日至7日，"妈祖下南洋·重走海丝路"在马来西亚、新加坡先后举行。这个活动由马来西亚雪隆海南会馆（天后宫）、马六甲兴安会馆（天后宫）、新加坡福建会馆（天福宫）、中华妈祖文化交流协会、莆田湄洲祖庙五个单位联合主办。

另外由马来西亚雪隆兴安会馆（天后宫）、新加坡莆田会馆、新加坡兴安会馆天后宫（以上两社团同地办公）、新加坡莆中高平公会（居住新加坡的忠门、北高、平海、埭头）等四社团组织协办。

7月1日下午2时50分，湄洲祖庙林金榜董事长、中华妈祖文化交流协会副会长、妈祖巡游护驾团130余人，随湄洲妈祖圣驾金身抵达吉隆坡国际机场，马来西亚雪隆会馆（天后宫）丁才荣会长在机场接驾。

然后，湄洲妈祖金身在警车护送下前往吉隆坡雪隆天后宫。这是自公元960年妈祖诞生，经过1057年，湄洲妈祖首次巡安东南亚。吉隆坡雪隆天后宫以最隆重的仪式迎接妈祖——舞龙、舞狮，锣鼓喧天，热烈场面除吸引华人信众与非信众外，也吸引不少马来西亚的马来人、印度人等前来欣赏这个中华传统信俗文化。

2017年7月2日在马来西亚吉隆坡雪隆天后宫举行的祭祀典礼。（蔡昊摄影师提供照片）

7月2日在雪隆天后宫举行盛大的祭祀大典，来自马来西亚的180个单位（含妈祖宫庙及民间社团），出席祭奠仪式，典礼结束后，开始了5.3公里的巡安绕境。

7月3日晚，湄洲妈祖由吉隆坡雪隆天后宫经约146公里陆路抵达马六甲兴安会馆天后宫，并在马来西亚马六甲绕境巡安。与以往不同的是，此次活动是在夜间举行，参与人数更多，氛围更热络。绕境队伍沿着马六甲城区郑和将军路、鸡场街、英雄广场等主要路段巡游6公里。马来西亚的交通部长廖中莱[①]也参加。

马六甲兴安会馆（天后宫）是马来西亚马六甲市莆田移民后

---

① 廖中莱（马来语：Liow Tiong Lai, 1961—），马来西亚马六甲野新县出生，祖籍中国广东省梅州市大埔县三河镇，属于客家话地区，马来亚大学工商管理硕士。马来西亚政治人物，第10任马华公会总会长。他也是前彭亨文冬国会议员，曾任马来西亚交通部长和马来西亚卫生部长等职。

2017年7月3日，在马来西亚的湄洲妈祖巡游队伍到达马六甲兴安会馆天后宫。（蔡昊摄影师提供照片）

裔组成的，这里聚集了许多祖籍莆田的乡亲，也可说是对妈祖最景仰的会馆。另外当妈祖巡游到鸡场街时，这里的海南、潮州、雷州、茶阳、福建（闽南语裔）等会馆以及林氏宗祠，纷纷摆香案、燃鞭炮欢迎湄洲妈祖。

7月5日上午，湄洲妈祖从马来西亚马六甲往马来亚半岛最南端，然后经过两国海关手续，穿过柔佛海峡来到新加坡。两国看似接近，其实官方使用语言并不相同，马来西亚使用马来语，新加坡过海关手续使用英文（虽然新加坡宪法规定国语为马来语）。

7月5日下午，湄洲妈祖圣驾在新加坡陆续巡游10家妈祖宫庙和机构，包括新加坡正华村金福宫、木山圣母宫、半港天后宫、云峰天后庙、金榜山亭天后宫、兴安天后宫、文山联谊社、粤海清庙，持续到次日凌晨，最后湄洲妈祖驻跸在新加坡福建会馆天福宫。妈祖乘花车环岛巡安（新加坡国土东西约43公里，南北约24公里），大批新加坡信众赶来欢迎。

新加坡国立大学中文系主任丁荷生告诉台湾"中央社"记者说，这次湄洲妈祖主神赴新加坡绕境，广东人、海南人等都在参拜

2017年7月5日，湄洲妈祖到新加坡巡游。（蔡昊摄影师提供照片）

捌 21世纪三下南洋，彰显东南亚妈祖热情

妈祖，充分说明了妈祖文化在新加坡非常具有影响力。新加坡有20几座庙宇是以妈祖为主神，其他诸多庙宇也有参拜妈祖。

7月6日上午在天福宫举行湄洲妈祖祭典仪式。新加坡基础建设统筹部长兼交通部长许文远[1]、湄洲祖庙林金榜董事长、新加坡福建会馆（天后宫）蔡天宝为主祭人。来自湄洲祖庙团队并表演了八佾舞。湄洲祖庙向天福宫赠送了"泽被四海"牌匾。

湄洲妈祖圣驾在吉隆坡、马六甲、新加坡三地的巡安绕境，妈祖信众表现出的热情，反映了妈祖信仰文化在21世纪的东南亚仍然相当具有活力。

---

[1] 许文远（Khaw Boon Wan，1952—），出生于马来亚槟城，曾就读槟城钟灵国民型华文中学。1973年荣获新加坡哥伦坡计划奖学金赴澳洲纽卡斯尔大学深造。2001年当选为丹戎巴葛集选区国会议员，2006年当选三巴旺集选区国会议员，2011年和2015年皆连任至2020年。曾任新加坡卫生部长、国家发展部长、基础建设统筹部长兼交通部长。

二 2018年菲律宾巡安

菲律宾马尼拉市的慈航禅寺创办于1994年,兼持观世音菩萨与妈祖慈悲为怀、慈航普渡的精神,虽然历史不久,但有不少的信众。2018年3月23日,慈航禅寺曾由董事长率众至福建湄洲祖庙,并带回分灵妈祖。

2018年10月20日至25日,应菲律宾马尼拉慈航禅寺的邀请,开展"妈祖下南洋·重走海丝路"湄洲妈祖搭乘海船巡安菲律宾活动。"妈祖下南洋·重走海丝路"活动由菲律宾马尼拉慈航禅寺、福建湄洲妈祖祖庙联合主办,马尼拉市政府为指导单位,菲华商联总会、菲律宾世界日报、菲律宾友谊基金会协办。湄洲妈祖祖庙组织了世界各地近百家妈祖宫庙和妈祖文化机构代表共2300多人,同襄盛举。

20日上午7时,妈祖金身自福建莆田湄洲祖庙启驾,前往厦门搭乘邮轮。菲律宾马尼拉慈航禅寺董事会董事长洪庄严与湄洲妈祖祖庙董事会代表、海峡两岸宫庙代表,共行三献古礼,护送湄洲妈祖圣驾及千里眼、顺风耳等神尊出发。厦门朝宗宫的电音三太子也来表演恭送妈祖。巡安菲律宾之旅就此展开。

台湾高雄狮甲慈明宫主任委员黄土城,专程从台湾赶来护驾妈祖下南洋。他说,随着大陆开放、快速发展,妈祖文化影响力在海内外不断加强,台湾信众乐见两岸携手推动妈祖"出海",延续中华优秀传统文化。中午妈祖圣驾及2300位信众逐步办理出国海关手续登船。下午4点,湄洲妈祖在厦门港口搭乘"歌诗达大西洋号"[①]出海。

[①] "歌诗达大西洋号"具有"艺术之船"别称,邮轮上处处洋溢着意大利威尼斯古典建筑风情,凸显意大利当代电影之父弗莱德里克·费里尼的电影元素。

"2018妈祖下南洋·重走海丝路暨湄洲妈祖巡安菲律宾"系列文化交流活动包括绕境巡安马尼拉、湄洲妈祖驻跸菲律宾首都马尼拉、慈善捐赠、湄洲妈祖祭祀大典、诵经祈福仪式、十音八乐民俗演奏、"瓣香湄洲"文艺演出等。参与活动的，不限于福建省，海南省临高县妈祖文化交流协会（临高天后宫）也积极参与。

　　22日上午9时30分，湄洲妈祖在2300位信众陪伴下，乘坐"大西洋号"邮轮，历经两夜两天共41.5小时的海上航行，抵达菲律宾马尼拉港国际邮轮码头。这应该是湄洲妈祖一千多年来首次以坐邮轮、走海路的方式出国巡安。

　　2018年10月22日上午10时，马尼拉市政府和菲律宾友好基金会，在马尼拉国际邮轮码头举行了盛大的欢迎仪式。菲律宾前总统、马尼拉时任市长艾斯特拉达[①]致辞说："妈祖信仰是中国文化遗产不可分割的一部分，妈祖受到全球华人水手的敬仰，妈祖巡安菲律宾，我们倍感荣幸！"艾斯特拉达市长并向莆田市政府代表团团长、莆田市政协主席林庆生，莆田湄洲妈祖祖庙董事长林金赞赠送了一把象征菲中友谊和团结的"马尼拉市之匙"。

　　码头迎接典礼后，湄洲妈祖在数千信众护航下，一路警车开道，鼓乐齐鸣，绕境巡安。中午，载着湄洲妈祖金身的巡安车辆，开过帕西河，穿过中菲友谊门绕境巡安马尼拉中国城，很多华裔、华侨素手焚香夹道欢迎。

　　巡安之后停驻在马尼拉教堂前的花园口"临时行宫"，湄洲妈祖及随行的福建、海南、台湾各地妈祖神龛，举行了集体安坐仪

[①] 约瑟夫·艾斯特拉达（Joseph Ejercito Estrada，1937—），曾为菲律宾电影明星，后从政，历任市长、参议员、副总统。1998年5月当选菲律宾第13任总统，但是因为任内被指控贪污，2001年1月下台并遭判刑，后来被菲律宾总统格洛丽亚·雅罗育特赦。2010年5月，艾斯特拉达再度竞选总统，以第二高票败给艾奎诺三世。2013年5月，艾斯特拉达当选马尼拉市长，后再连任，2019年卸任。

2018年10月23日，菲律宾马尼拉举行妈祖祭祀大典。（蔡昊摄影师提供照片）

式，并接受马尼拉当地信众香火、鲜花。中、菲主办方一同为"中国·湄洲妈祖巡安菲律宾"纪念碑揭牌。

10月22日下午，当妈祖驻跸菲律宾马尼拉中国城花园口后，湄洲妈祖祖庙一行和菲律宾慈航禅寺工作人员一起到当地佩德罗·格瓦拉小学开展慈善捐赠活动。

10月23日，在马尼拉市黎刹广场举行盛大的湄洲妈祖祭祀大典，及"瓣香湄洲"文艺演出，也受到当地民众的热烈欢迎。菲律宾六篮堂总会理事长说："我们配合菲律宾西河林氏宗亲总会，联合制作了本地分灵妈祖巡街的花车，并组织了一支表演舞龙舞狮和菲律宾当地土风舞的文艺演出队伍。"

2018年10月25日，福建省厦门国际邮轮码头锣鼓共鸣，人声鼎沸。随着欢呼声，历经两天一夜海上航行的湄洲祖庙妈祖在众人的陪同下，离开"歌诗达大西洋号"邮轮，结束了为期6天的巡安菲律宾马尼拉旅程。福建莆田湄洲妈祖祖庙董事长林金赞表示：菲律宾是海上丝绸之路的重要一站，跟随妈祖出境巡安的人们，可以在航行中体会老一代华侨华人沿海上丝绸之路"下南洋"谋生的艰辛，是对老一代华侨华人艰苦奋斗精神的缅怀。

三　2019年泰国巡安

2019年11月14日至19日，湄洲妈祖巡安泰国。这次是承泰国南瑶妈祖宫、泰国林氏宗亲会、泰国泉州晋江会馆三单位的邀请。

这次行程，莆田湄洲妈祖祖庙组织了332人护驾团，护驾湄洲妈祖、千里眼、顺风耳等神尊前往泰国曼谷，展开为期一周的"妈祖下南洋·重走海丝路——2019年中泰妈祖文化活动周暨湄洲妈祖巡安泰国"活动。这是继2017年赴马来西亚、新加坡，2018年到菲律宾，湄洲妈祖第三次下南洋的巡安旅程。

11月13日上午10点，湄洲妈祖巡安泰国的起驾仪式在湄洲祖庙寝殿举行。然后启程搭船往厦门，约下午3点抵达。先停驻厦门闽南朝天宫一天，供当地信众朝拜祈福。闽南朝天宫是台湾北港朝天宫全分灵的宫庙，由台商投资建成。

隔天11月14日清晨5时许，起驾出发往厦门高崎机场。然后巡安团300余人搭乘厦门航空专机，由厦门飞往泰国首都曼谷，并护送软身妈祖神尊，分灵泰国南瑶妈祖宫奉祀。泰国南瑶妈祖宫主要是由泰国当地的台湾商人捐献而建，因有分灵自台湾彰化市南瑶妈祖宫的妈祖，故取名为"泰国南瑶妈祖宫"。

经过三个多小时的飞行，中午12点50分专机抵达泰国，湄洲妈祖从飞机上移驾至曼谷素万那普国际机场临时安座。当地举行了迎驾仪式，来自泰国、菲律宾及中国台湾、澳门等地的信众聚集在曼谷机场，为妈祖挂上花环，不少人称是"第一次为神明接机""第一次为神仙献花"。

泰国旅游与体育部常务次长助理阿楠·文财，泰国飞机场行政处执行副总裁察纳尼莎·蝉楠维，莆田市人大常委会主任阮军，泰国林氏宗亲总会理事长林汉光，泰国泉州晋江联合总会会长蔡上新，泰国南瑶妈祖宫管理委员会主任周胜雄，中华妈祖文化交流协会副会长、湄洲妈祖祖庙董事会董事长、湄洲妈祖巡安泰国护驾团团长林金赞等出席迎驾仪式。

泰国旅游与体育部阿楠·文财致辞说：泰国有"佛教之国"之称，民间信仰广泛而虔诚。妈祖文化在泰国传播广泛，现有100多座妈祖宫庙，七圣妈庙、新兴宫、顺福宫、拉廊天后庙、巴真潮木庙天后宫等宫庙历史悠久，其中七圣妈庙是公元1851年兴建的。妈祖是海上和平女神，是海上丝绸之路的文化使者。湄洲妈祖巡安泰国曼谷，进一步深化海丝沿线国家和地区之间的经贸、文化、海洋交流合作，为促进民心相通、实现世界和平与发展献力。欢迎妈祖故乡人民来泰国旅游观光。

林金赞向泰国旅游与体育部等赠送妈祖金身油画纪念品。当天先恭送妈祖圣驾至泰国南瑶妈祖宫。

第二天11月15日，举行曼谷市区绕境巡安。妈祖祭典亮相曼谷芒肯添区新唐人街。在唐人街现场，湄洲妈祖金身驻跸天后行宫。祭台高筑，中间为三尊自中国分灵而来的妈祖像，周围布满香蕉、凤梨、莲花，三牲并献，典礼隆重肃穆。随着古乐，身着汉服

2019年11月14日，湄洲妈祖到达泰国南瑶妈祖宫的典礼。（湄洲祖庙提供照片）

2019年3月15日，湄洲妈祖圣驾在泰国曼谷绕境巡安。（湄洲祖庙提供照片）

2019年11月17日，湄洲妈祖在泰国林氏宗亲总会。（湄洲祖庙提供照片）

的少男少女，庄严地演出八佾舞。乐声如潮起潮平，呈现浓厚的中华传统文化氛围。

　　湄洲祖庙董事会董事长林金赞与泰国劳工部副部长董勒、泰国泉州晋江联合总会会长蔡上新、泰国福建会馆理事长张建禄、泰国工商总会主席郑芷荪等，共同组成主祭团，依循祭典古制行三献之礼。林金赞董事长表示：把妈祖祭典带到曼谷，"是为了向泰国人民表达，中华民族对立德、行善、大爱的妈祖精神的推崇，以及四海和平的美好愿望"。当天，并举行湄洲妈祖巡安泰国立碑揭彩仪式。两米余高的石碑耸立在曼谷唐人街，以纪念这次妈祖巡安活动。

　　泰国旅游和体育部部长披帕表示，妈祖神像的到来，促进了泰中两国人民的相互了解，促进了两国经贸旅游文化的交流合作。

其后在泰国泉州晋江联合总会也举行祭典。11月17日在泰国林氏宗亲总会举行另一个盛大祭典。

妈祖下南洋·重走海丝路，可说不仅发扬了妈祖文化，且凝聚了海外华人的心。过了三年多，2023年5月13日，湄洲祖庙妈祖分灵泰国泉州晋江联合总会仪式在湄洲祖庙隆重举行。泰国泉州晋江联合总会共140多位妈祖敬仰者向妈祖行三献礼，湄洲祖庙林金赞董事长等领导共同见证了这一庄严仪式。

四　妈祖21世纪三下南洋意义

湄洲妈祖三下南洋，受到马来西亚、新加坡、菲律宾、泰国当地群众的热烈欢迎，并且有当地政府官员参与活动，说明了湄洲妈祖对海外具有一定影响力。

湄洲妈祖三下南洋，展现了在东南亚的海外华裔、华侨、含华裔的混血民众及部分本地人心中，妈祖文化已经是所在国历史悠久的传统信仰文化，并且在部分地区，妈祖文化已经深刻融入当地观光事业了。而这个中华文化在东南亚的传播现象，在21世纪仍正在继续发展下去。

玖 妈祖文化在日本的传播

日本有世界历史最悠久的王室，至少从中国隋朝至今，一脉相传。隋、唐时，日本派遣规模巨大的遣隋使与遣唐使至中国访问，并学习中国的文化。唐朝时鉴真和尚东渡日本，传播佛法，也是中日交流的美谈。日本明治维新的成功，使得中国曾有数量庞大的留日学生，很多归国也做出好的贡献。

二战后，日本经济高速发展。在工业与科技上，领先于东亚。日本移民法严格，要取得日本国籍较为困难，在日本的华人，2019年约有101万，只有约13万人取得日本国籍，成为华裔日本人，享有日本公民的所有权利。其他88万为华侨，仍是中国国籍，只是在日本工作及生活。

一 1424年琉球王国（冲绳县）建下天妃庙

琉球群岛东北到西南长度约为1000多公里，有奄美诸岛、大岛诸岛、大东诸岛、先岛诸岛，共有四百多个大小岛屿。21世纪时人口为140万。约于明朝初年，琉球中部的中山统一了北山和南山，故琉球王国又称中山王国。中国与琉球官方正式建交开始于明朝初期洪武五年（1372年），至清光绪五年（1879年）琉球正式为日本吞并，改称冲绳县为止，共历时507年。

1654年，琉球派遣使者到清朝请求册封，顺治皇帝册封尚质王为琉球王，琉球国成为清朝的属国。这个册封是有实质意义的，琉球有中国的保护，较可避免日本的无理要求或侵略。17世纪初日本萨摩番岛津氏入侵琉球国，不少反对日本入侵的琉球人被日本处死。1693年，萨摩番威逼琉球国，割让北部的奄美群岛给日本。此时清代中国有强大陆军，但并无强大海军。

经过中英鸦片战争与两次英法联军之役后，清代中国威望大降。清朝未发生工业革命，国力已相对持续衰落。1872年，日本借口"牡丹江事件"入侵琉球国。1879年，日本把琉球国王尚泰与他的儿子移居到东京，日本正式把琉球改名为冲绳县，琉球国正式消亡。

清朝初年编写的《明史》有提到洪武初年"闽人三十六姓"移民日本之事，近年考订及访问当地，这闽人三十六姓应是明朝洪武初年至明朝中期，福建人逐渐移民琉球的。这些人到达琉球之后，很多定居在琉球首都那霸港周边的久米村。他们带去了不少的中华文化，《明神宗实录》记载其也受到琉球相当的重视[1]。而这闽人三十六姓也带去了妈祖文化。

根据琉球王国国师蔡温监修的编年史《球阳》一书之记载：永乐二十二年（1424年），"昔闽人移居中山者创建（天后）庙祠，为同祈福"。而据琉球官方正史《中山世谱》[2]记录："明永乐二十年壬寅即位。二十二年甲辰春遣使，以父思绍讣闻于朝。成祖命礼部遣行人周彝赍敕至国，赐祭赗以布帛。本年，命辅臣创建'下天妃庙'。"两处记载的创建者不同，一记载为闽人，另一记载为琉球辅臣，有可能是福建人与琉球辅臣皆参与，只是强调重点不同。但两处记载的创建年份相同，均为永乐二十二年，较为可信。

清代三十六姓后裔蔡世昌写的《久米村记》记载："有神庙曰

---

[1] 《明神宗实录》记载："琉球国中山王尚宁，以洪永年间初赐闽人三十六姓知书者授大夫、长史以为贡谢之司；习海者授通事、总管为指南之备。"
[2] 《中山世谱·卷四·尚巴志纪》。

'上天妃宫'，嘉靖中册使郭汝霖所建。"[1]根据这些记载，"下天妃庙"建于1424年，"上天妃宫"则建于明朝嘉靖皇帝（1522年—1566年）中期，为明帝国册封使节所兴建。今日琉球为日本版图，故可以说日本最早的妈祖庙创建于1424年，即明朝永乐二十二年。

现在那霸至圣庙[2]内，妈祖为陪祀仍被祭祀，称为"天妃宫"，可说是"下天妃庙"遗址。现今至圣庙归属闽人三十六姓后裔的组织"久米至圣会"管理，该协会约有9200名成员。每年9月都会举行祭孔典礼，主祭者穿着古琉装以古礼祭祀。冲绳县前知事仲井真弘多（祖籍蔡氏）也是协会成员。而那霸市久米的"上天妃宫"则已经消失。遗迹只有石门还保留着，在天妃小学校内。

另外琉球有"久米岛天妃宫"，在日本冲绳县久米岛真谢港。清朝乾隆二十一年（1756年），派遣正使全魁、副使周煌出使琉球。海船至姑米山（琉球西南）附近遇大风。一船触礁，一船安全漂回岸上。为了感谢妈祖保佑，册封使奏请琉球王国，创建久米岛天后宫："启国王代建新宫，崇报灵迹。"

3年之后，即1759年，天后宫建成，还从福建省奉请妈祖神像安座。宫为庑殿式建筑，硬山顶，前檐加卷棚。里面有周煌题字"玉山仙姥"匾及"凤舸灿神光，一片婆心扶泰运；龙津标圣迹，万年福曜镇安嘉"对联。现今被列为日本冲绳县文物建筑保护单位。

---

[1] 《久米村记》记载：久米村，一名唐荣，即古之普门地。明太祖赐唐人三十六姓，聚族于此，故曰唐营；又以显荣者多，故曰唐荣。……自村口而入，行数十步，有神庙曰"上天妃宫"，嘉靖中册使郭汝霖所建。宽不过数亩，周围缭垣，殿宇宏敞。其正中为天妃神堂，其右为关帝位座，其左为久米公议地。
[2] 这是位于冲绳县那霸市的一座孔庙。原址位于那霸市的泉崎，但不幸在二战冲绳岛战役中焚毁。现址在那霸市的若狭，为1975年重建。在琉球国第二尚氏王朝时期，至圣庙与明伦堂都是琉球儒学的最高中心。至圣庙原址建于1671年至1675年之间，是清帝国康熙皇帝送给琉球尚贞王的一个礼物。

二 1624 年创兴福寺，长崎"唐四福寺"当地著名

日本长崎有"唐四福寺"，指的是 17 世纪寓居当地的华人所建的四大佛寺——兴福寺（1624 年兴建，俗称南京寺）、福济寺（1628 年兴建）、崇福寺（1629 年兴建，俗称福州寺）、圣福寺①（1677 年兴建）——的总称。这四大寺除了拜神佛祈福外，原先也作为当时旅日华人四大家乡会馆（福建漳州府、福建泉州府、广东省、除闽粤外各省华人）的联谊活动中心。整体来说，这四寺在形式上均为黄檗宗②之佛寺，也都供奉妈祖。但是佛殿之外，这四座寺庙供奉的神佛稍有不同。

福济寺内有青莲堂，内祀有妈祖娘娘、关圣帝君及观音大士。兴福寺也同时供奉妈祖娘娘（左右两侧有千里眼与顺风耳）、关圣帝君（左右两侧有关平与周仓）、大道公及三官大帝。崇福寺则有妈祖堂，供奉妈祖娘娘、三官大帝、关圣帝君及观音大士。圣福寺则以观音堂同时供奉关圣帝君、妈祖娘娘、观音大士。

当时日本政府为便利管理大量明末遗民流入，特别规划长崎为明、清时期交通要港，供流寓日本的明末华人居住。例如，福建泉州人颜思齐③、郑芝龙④长期居留日本长崎，郑芝龙为泉州府南

---

① 原来只有"长崎三福寺"，圣福寺于 1677 年建寺，也是日本长崎县长崎市黄檗宗派的佛教寺院，这是最后被列入"长崎四福寺"的庙，寺中的大雄宝殿、天王殿、钟楼和三门都是日本政府指定的文化财产。
② 黄檗宗，佛教禅宗派别之一，宗名取于福建福清之黄檗山。
③ 颜思齐（1589—1625），字振泉，漳州府海澄县人。台湾开发史上，颜思齐最早率福建泉漳移民，由日本来台湾，持续招徕泉漳移民，对台湾进行大规模有组织的拓垦。《台湾通史》为台湾历史人物列传，"以思齐为首"。
④ 郑芝龙（1604—1661），天主教教名尼古拉斯·加斯巴德（Nicholas Gaspard）。福建省泉州府南安县（今福建南安）人，郑成功之父。郑芝龙对开拓台湾也有相当的贡献。

安县出身，其子（驱逐荷兰收复台湾的郑成功）也出生于日本。那时不少泉州人自泉州前往长崎居住，成为当地的华侨或华裔。

福济寺是长崎妈祖庙的重要代表，且留有重要石碑，建于1628年（崇祯元年），由福建泉州出身僧侣觉悔开山①，最初就是奉祀天上圣母之妈祖庙。福济寺俗称泉州寺或漳州寺，是由来自福建省漳州府、泉州府的华人发起创建。福济寺开山较兴福寺晚五年，但一开始明确供奉妈祖。最初是福建漳、泉移民的集会场所，后逐渐发展起来。

公元1644年，李自成攻入北京，崇祯皇帝自杀，不久满清入关，南明抗清，大部分的中国陷于动荡中。一部分忠于明朝的遗民或政治难民逃往日本。

1648年，福建漳州府龙溪县出身的唐通事"颖川左卫门"（本姓陈）与漳州、泉州同乡等讨论决定，延聘泉州府安平县籍泉州开元寺的林蕴谦和尚前来住持，扩大该寺，广建庙堂，由单纯的妈祖庙扩大为长崎最大佛教寺庙之一，规模宏大华丽，一时成为长崎最壮观的寺庙。此地成为闽南商舶妈祖信众聚会之所，又因林蕴谦是妈祖的同姓，故由他住持名望更高。所以此寺在当地有较大影响，并留有《重兴福济寺记》之石碑②。

---

① 据长崎市史记载，宽永五戊辰年（明崇祯元年，公元1628年）唐僧觉悔，在弟子了然、觉意陪同下来到长崎，在岩原村主的土地上建一寺庙，奉祀天后圣母，这便是福济寺建立之始。

② 长崎福济寺存有《重兴福济寺记》碑，立于1648年，内容如下：
"庆安二年檀主颖川藤君会泉南父老议曰：'是山灵气所钟，俨称一方之雄，今欲鼎新庙宇，严奉金容，为士民植福之所，非慈济桑门福德双称者，曷能住之。仅闻温陵蕴谦琬公长老，幼出林氏望族。家世业儒，从释有年。善能表树氏门，无愧古人。现住开元，大师郑公为其重兴觉皇宝殿。功垂告竣，愿请主之。'众翁然同辞。即命使飞帛来聘。公见檀信遥诚之笃，欣然而许，明年己丑夏，扬帆东渡，六月朔日抵崎。"

此碑明确记载，长崎"泉南父老"，即泉州闽南父老，聘请泉州开元寺林蕴谦和尚来日本长崎住持此寺。

福济寺建寺后的百多年来，该寺都是从中国延聘漳州、泉州出身的高僧任住持之职，其中有不少是擅长书法绘画的高僧。他们都留下了不少画幅和墨迹，但是自从八代住持以后（1745年），也因当时中日之间的交通不畅，华僧渡日困难，乃改由日僧监寺。可惜该寺宝殿在第二次世界大战中遭受美军空袭被破坏，现已改建。

据《长崎图志》载，"福济寺在宝盘山左仑，泪村主宅"。奉祀天妃情况与南京寺一样，又为了避天主教传入日本的嫌疑，把天妃与佛寺合祀。此寺内有乾隆四年温陵龚李肃、鳌江洪兴佑、晋江陈联等人题的对联。

1624年，兴福寺在日本长崎创建，至2024年，整整四百年，建庙之前，应已有妈祖文化，所以才能聚资盖庙，所以妈祖文化在日本长崎至少有四百多年的历史，据统计，长崎保存有14尊妈祖古神像，2007年还新建了一个妈祖庙，有新建的庙，表示妈祖文化还在成长，故长崎的妈祖文化可说香火仍然持续中。

三 1690年心越茨城祭天妃，后并弟橘媛神社

日本江户时代的水户藩就在今天茨城县的中部及北部，东边临海，渔业及航运发达。古代航海面临天气不定的风险，故需要海上守护神保佑。水户藩出现了海上守护神弟橘媛与妈祖混同信仰的情形。日本擅于吸收他国文化，融入后，成为丰富日本文化的素材。

传说弟橘媛是日本武尊的妃子，日本武尊乘船至关东房总半岛时，因错言激怒海上神仙，结果海面出现巨浪，弟橘媛为平息海

神愤怒，自愿投海牺牲，然后武尊的船才安然渡过海上波涛。此后弟橘媛逐渐成为民众信仰的海上保护神，关东沿海民众尤为热心。

17世纪末，妈祖以海上守护神的地位传入长崎，信仰者主要是在华人社区，而后日本当地人也逐渐听闻：妈祖慈悲为怀，神通广大，乐于海上助人。长崎是当时日本远洋航海的重镇，居住着远航而来的华人与荷兰人。

东皋心越禅师出生于浙江省金华，八岁时就剃发为僧，虽然出家，但在1674年（康熙十三年），参与了响应吴三桂的浙闽一带起事，最后起事失败，1676年东渡流亡日本，成为明朝遗民。1682年水户藩二代藩主邀请东皋心越禅师前来水户，东皋心越禅师带来了妈祖的木像及相关书籍。1690年于藩主的支持下，在南海岸（今天的大洗）及北海岸（今天的北茨城），建立了天妃神社，妈祖信仰在水户藩逐渐有一些信众。

隔年（1691年），藩主将心越禅师带来的木造妈祖像安置于祗园寺，成为陪祀神明供奉，供人祈求海上平安。直至今日，祗园寺的妈祖神像仍保存良好。随着时间推移，两座天妃神社，逐渐使用日本式的祭法与典礼。

1831年九代藩主德川齐昭推行寺社改革，反对拜异国之神，将两天妃神社都改为弟橘媛神社，并将妈祖像请出。141年敬拜妈祖的传统习俗被改变，引起当地藩民不满，渔民及航运者上书，表示自从妈祖像被移出神社，渔获减少，海难发生。最后藩主让步，将妈祖神像送返其中一个弟橘媛神社，与弟橘媛合祀。

今天日本有好几个弟橘媛神社，只有北茨城的弟橘媛神社还合祀妈祖，当地民众已混淆妈祖与弟橘媛，也有称弟橘媛为天妃，所在小丘名为天妃山。山下路旁有弟橘媛神社的小牌楼，日文称"鸟居"，旁有直立小石碑由上而下写"弟橘媛神社"五字。牌楼前可看到海洋，后有阶梯上天妃山，沿着阶梯走上去约三层楼高即可看到小祠堂——弟橘媛神社，不大的木造建筑，绿瓦屋顶。神社前也可远望海洋。

四 2006年创横滨妈祖庙，2013年建东京妈祖庙

1. 日本横滨妈祖庙有分灵自湄洲岛与台湾台南

横滨是日本最大港口与第三大都市，横滨中华街关帝庙建于1862年，其实原本里面即供奉着妈祖神像，但后因战火而暂时失传。2005年横滨当地华人华侨集资兴建横滨妈祖庙，并由日本华裔、横滨中华街建筑总设计师中山严先生负责设计，除风格与中华街整体建筑和谐外，还参照台湾海峡两岸妈祖庙规制，采用中国传统宗教建筑八角形样式。2006年完工揭幕启用。

2006年1月，横滨妈祖信众专程到福建省妈祖故里湄洲岛，由妈祖祖庙法师为完工的妈祖主神像、分神像等举行分灵开光仪式，后恭护回横滨。开庙仪式也承蒙台湾台南祀典大天后宫协助参与，期望妈祖文化能在横滨继续流传给后世。

横滨妈祖庙位于横滨的中华街上，邻接清朝驻日领事馆的旧址。横滨妈祖庙供奉的妈祖，除有湄洲祖庙分灵的妈祖外，也有由台湾台南祀典大天后宫镇殿大妈分灵出去的，横滨天后宫对妈祖文化在日本的发扬也颇有贡献。

台南和日本横滨的妈祖文化交流不断，台南市大天后宫妈祖不仅分灵到日本，庙方还数次组团参与横滨的妈祖祭典。大天后宫表示，日本横滨天后宫也派人到台湾台南参加"迎妈祖"庆典。日本横滨妈祖庙并师法台南市大天后宫的祭拜仪式，除了一尊粉红面

像的妈祖，庙内其他的金面妈祖、千里眼、顺风耳等神像，全都来自台南大天后宫。

台南大天后宫并赠送镇宫的清朝雍正皇帝御匾"神昭海表"复制匾额、范谢将爷各一尊、銮舆、游行神器等，为分灵分香的横滨妈祖庙添妆。台湾保有较完整的拜妈祖文化，台湾庙宇有美丽的雕刻，横滨妈祖庙也相当华丽。

2009年3月，日本横滨中华街横滨妈祖庙为庆祝妈祖诞辰1050年特举办隆重的"妈祖祭"，其中妈祖绕境是由台湾台南祀典大天后宫协力完成的。妈祖祭活动内容，有来自台南的东方艺术团、各阵头的表演及绕境表演，全程的表演活动和台湾神明绕境是类似的，皆相当精彩。

2. 2013年新建东京妈祖庙，分灵自北港及泉州

2013年10月13日，东京妈祖庙在日本东京新宿区举行隆重的落成安座大典。东京妈祖庙董事长詹德薰表示，这天是他此生最高兴的一天，盖这座庙希望让侨胞们心灵有个归宿。詹德薰说："我来日本46年了，现已退休，在侨界服务了30多年，在这30多年间，看到很多华侨前辈很有钱，却没有留下些什么给后辈侨民。因此想趁着还有能力的时候，盖庙让大家有心灵的归宿，这也是当很久的侨会会长该做的工作。"[①] 由此可见，妈祖庙可以让侨民有"心灵归宿"，说明很多海外华人在21世纪仍然信奉妈祖。

詹德薰说，东京妈祖庙耗资五亿日元，筹备、建盖过程非常辛劳，幸有许多人协助，像是东京妈祖庙代表连昭惠就出钱出力，令他很感激。他并表示，未来这条街（的特色）或将变成台湾街或

---

① 杨明珠，"中央社"记者《日本东京妈祖庙安座大典 冠盖云集》（2013—10—13）。

是妈祖街。东京妈祖庙位于东京新宿区大久保百人町，从大久保车站南口出来走路就可到达。共有四层楼，建筑一楼是服务处、办公室；二楼是朝天宫，供奉着从台湾北港朝天宫分灵来的妈祖以及千里眼、顺风耳两位将军；三楼供奉中国大陆泉州天后宫分灵来的妈祖以及关圣帝君、武财神；四楼供奉观音准提菩萨及孔雀明王菩萨。

2019 年 5 月 24 日，台北市长柯文哲在访问日本的第二天中午，在"日本中华联合总会"名誉会长詹德薰陪同下，也到东京妈祖庙参拜①。柯文哲市长刚刚参与了 2019 年的大甲妈祖绕境的一部分。柯文哲市长说："妈祖庙是我们台商很重要的信仰中心，这些都是台商的朋友，台商的会长就带我们来。"②

柯市长到东京妈祖庙参拜，说明了东京妈祖庙在旅日侨胞及台湾信众心中的社会地位。詹德薰名誉会长也透露，除了柯文哲外，富士康集团郭台铭董事长（郭台铭也是日本大企业夏普的最大股东，夏普在全球有五万多名员工）、高雄市长韩国瑜也有意到东京妈祖庙参拜。

2018 年 10 月 27 日，东京妈祖庙代表连昭惠女士，率队一行共 15 人，在前北港朝天宫董事长曾蔡美佐的引荐下，由日本到福建省莆田市湄洲妈祖祖庙参观进香，受到祖庙董事会的热情接待。参访团先后到祖庙"寝殿"朝拜妈祖，并参观祖庙建筑群、天妃故里等重要文化观光景点。湄洲妈祖祖庙董事会林金赞董事长代表祖庙董事会赠送纪念品并和大家合影留念。

2018 年这次参访福建省莆田湄洲祖庙，已经是东京妈祖庙

---

① 微观两岸《2020 选情白热化 柯文哲率先参访东京妈祖庙》（2019-05-25）。
② 台湾联合新闻网《柯文哲访日不忘拜妈祖 据说韩国瑜郭台铭下个月也要来》（2019-05-24）。

2018年10月27日东京妈祖庙参访湄洲祖庙。（湄洲祖庙提供照片）

自2013年兴建后第四次参拜湄洲祖庙。四次参拜都在妈祖升天日（农历九月九日）前后。隔年2019年3月9日，福建湄洲妈祖祖庙董事会林金赞董事长也率团到日本拜会东京妈祖庙，进行文化交流座谈，东京妈祖庙代表连昭惠社长也热情欢迎[1]。

妈祖庙让侨胞有个心灵归宿，东京妈祖庙的兴建主要是由旅居日本的台湾侨胞所捐献赞助，最初主要信众也是台湾侨胞。其后逐渐发展，现在其信众包括台湾海峡两岸在日本居住的侨民，妈祖文化这个中华传统文化也成为凝聚海峡两岸同胞的重要文化纽带，可说也促进了两岸的民间关系。

---

[1] 天下妈祖网《祖庙拜会东京妈祖庙》（2019-03-11）。

五 2011年台湾新港奉天宫分灵京都妙心寺

奉天宫于明朝"开台妈祖"渡海来台湾北港后，依照古例，祭典皆由庙务执事士绅，礼请福建闽南禅门"临济宗"寺院派驻僧人主持。后因水灾，由"临济宗"第38代祖师把原北港妈祖庙文物东迁约六公里至嘉义县新港乡，并在清朝嘉庆十六年（1811年），由王得禄将军倡建奉天宫于现址，正殿供奉妈祖、后殿供奉观世音菩萨。

妙心寺是日本"临济宗"最主要的寺院，在日本千座以上的临济宗寺院中，有一半以上是在妙心寺派的带领下持修弘法。1922年因为"临济宗"的因缘，奉天宫成为日本临济宗台湾总本部联络寺院。日本京都妙心寺与台湾新港奉天宫可说有着悠久的友谊。其后因为战争与历史变迁中断交流。21世纪则由热心人士促成，重新交流。

2009年日本妙心寺住持则竹秀南，率领佛教人士前来奉天宫访问。并致赠奉天宫一尊供奉30年的观音圣像。2011年春季，台湾新港奉天宫分灵妈祖神像至日本京都妙心寺派灵云院接受供奉。

2018年9月1日，为纪念台湾新港奉天宫与日本京都妙心寺两宫寺"结缘九十年"（1928—2018），及"新港开台妈祖圣像"分灵传香妙心寺七周年（2011—2018）。日本信众于这一天上午，恭请天上圣母圣像返回奉天宫谒祖进香。新港奉天宫在正殿举行"世界平和祈福法会"，在嘉义县副县长吴芳铭与新港乡长林茂盛的见证下，新港奉天宫与日本妙心寺签订友好备忘录，期待两宫的宫谊永固。

六　青森妈祖游行保佑渔业丰收，箱根也祀妈祖

1. 青森县有祈求渔业丰收的妈祖游行

日本青森县在本州岛最北方，隔海峡与北海道相望，以盛产蜜苹果而著名，其苹果确实特别甜蜜，而大间町则是个不大的渔村。1696年日本江户时代，传说当时大间村长伊藤五左卫门在海上遭遇危机时，承蒙天妃娘娘搭救，故创建了祭祀妈祖的祠堂，开始祭祀天妃神，当地称"天妃妈祖大权现"。

1873年日本明治维新初期，妈祖祠堂并入1730年创建的"大间稻荷神社"一起祭祀，故直到现在，大间稻荷神社也祭祀妈祖。大间稻荷神社主祀稻荷大神（农耕神）。妈祖祠堂创建于1696年。1996年（平成八年），以纪念妈祖祠堂创建300年为契机，青森县大间町在台湾北港朝天宫的协助下，开始举办妈祖巡安绕境活动，祈求渔业丰收。因举办成功受到欢迎，故活动每年继续举办。

从1996年开始，每年"海之日"都会举办"海之日——渔业丰收祈祷节天妃行列"活动（日语的"行列"是"游行"的意思），祈祷渔业的安全和丰收。海之日是日本的国定假日，是每年7月的第三个星期一。

活动中打渔旗帜舞动于海，为渔船在海面上的安全祈福，之后举行大型妈祖踩街活动，包括龙、神、巨人神像的踩街。这些活动成为当地的重要特色，也吸引了很多的观光客。

1997年台湾的北港朝天宫与"大间稻荷神社"结为姐妹庙。此后每年北港朝天宫都派团参与游行活动。

2. 神奈川县箱根的观音福寿院也祀台湾北港妈祖

日本神奈川县的箱根，是日本著名的温泉观光胜地，距东京

约 90 公里。其"观音福寿院",除主祀观音外也祭祀妈祖。因一位旅日台湾云林人是妈祖信徒,认识福寿院住持后,在 1979 年将台湾北港朝天宫的妈祖迎至箱根,寄赠福寿院供奉。

七 2023 年 12 月大阪关帝·妈祖庙新创落成

大阪是日本第二大都市,仅次于首都东京,也有不少的华人华侨。2023 年 12 月 2 日,大阪关帝·妈祖庙落成仪式庆祝宴会在大阪市大成阁餐厅举行,大成阁是当地著名的中华料理餐厅。这也是日本关西华侨华人的一件大事。

大阪关帝·妈祖庙的主要发起人和创办人、大阪华商会林传龙会长说:"今天,我们欢聚一堂热烈庆祝'大阪关帝·妈祖庙'的正式落成!……妈祖文化起源于宋代、兴盛于明清、繁荣于近现代,是中国海洋文化的重要标志和代表,也是中华民族千百年来尊崇、信仰过程中遗留和传承下来的精神文明财富……"

他又指出:"如今大阪关帝·妈祖庙的顺利落成,势必将造福一方的百姓和众多的善男信女,增强在日华人华侨社群的亲和力和凝聚力,成为促进中日两国民间文化信仰交流和精神文明沟通的重要桥梁,将会对于促进中日两国民俗文化和社会经贸等各方面的交流合作,起着积极的推动作用。……"

日本主要媒体之一"朝日新闻"也对这次活动进行了报道。四年前,大阪当地华人华侨出现了建设"中华街"构想,即在商店街入口处建一个具有中国特色的大门。但这个想法因被当地日本居民反对而放弃,日本居民认为这样做显得有些突兀,外国色彩太浓。新建的"关帝庙"位于商店街稍外侧,到目前为止还没有日本居民有明显的反对意见。日本《关西华文时报》编辑部对此称赞："'以柔克刚'的理念……山不转水转，遇到困难，来个转弯，就可万事大吉。未来这个关帝妈祖庙，有待发展传承，祝福这座庙能够日益兴盛。"

八 2024年石垣岛妈祖宫建设中

石垣岛接近琉球群岛的最南端，行政上属于冲绳县石垣市。与台湾宜兰县平行，相距270公里。石垣岛面积222平方公里，约等于长宽皆15公里的正方形，比金门县、澎湖县略大。金门县面积150平方公里，澎湖县141平方公里。石垣岛人口约四万九千人。

1926年至1989年为日本昭和时代，在昭和初期，由台湾人成立的大同拓殖株式会社，一口气带了600多位移民到石垣岛栽培凤梨及茶叶，后来多数回到台湾，少数留下。因为语言及文化隔阂，有几年时间台湾移民与石垣岛当地人有许多摩擦。但随着引进新农具及水牛，并持续拓荒土地，且将凤梨成功量产成为岛上特产之一，纠纷渐渐减少，关系逐渐变得融洽。

当时石垣岛与台湾宜兰县有很多交流，凤梨及其种植技术，耕作用的水牛，都是当时从台湾一起被带去石垣岛的。直到现在，石垣岛的名藏水库旁，仍然树立着一座"台湾农业者入植显颂碑"，记念当时到石垣岛开垦农业的那群台湾移民。

台湾移民在当地居民理解下，借用名藏御岳土地，开始了土地公祭。原本为各自祭祈的土地公祭，随着台友会的成立，后来以琉球华侨总会，现为琉球华侨总会八重山分会名义，以组织方式营运，继续传承这项当地传统。福德庙香火持续，2010年后不少人也产生了兴建妈祖庙保佑大家的想法。

石垣岛妈祖宫于2020年11月16日在石垣岛举行动土仪式，"石垣岛妈祖宫发展协会"理事长东乡青龙、日本国际妈祖会会长洪益芬、石垣市市长中山义隆、台湾驻日代表处侨务组谢延淙组长一同挖下第一铲。

石垣岛妈祖宫发展协会东乡青龙理事长在动土仪式提到，在石垣岛建妈祖庙已筹划一段时间……感谢石垣市政府提供土地，日本国际妈祖会名誉会长曾凤兰奔走协助，以及各信众的捐献。

石垣市中山义隆市长表示，在妈祖庇护下，石垣岛妈祖宫必能顺利完成，希望能成为台湾地区及亚洲各国和平友好的象征，亦盼其成为观光新据点，带动石垣岛观光经济产业。

"石垣岛妈祖宫"还在建设中，但已与台湾的妈祖庙有一些交流活动，这是台裔日人及台湾人共同捐资兴建的，目前已颇具规模。台湾新建的妈祖庙，一般说来比东南亚或中国大陆沿海的庙规模较大。石垣岛妈祖宫还特别从台湾请来师傅雕刻庙里的装饰；而"石垣岛妈祖宫发展协会"在相关节日也会组织各种庙会活动，庆祝妈祖文化。

九 在日本的传播现象与影响

据文献记载，中国明朝成祖皇帝时期，1424年，即明朝永乐二十二年，就有来自福建省的移民在琉球创建了妈祖庙——下天妃庙。距1431年郑和立《天妃灵应之记》碑有7年，距2024年刚好整整六百年。当时琉球仍然是东北亚的一个独立国家，明治维新后，1879年琉球才为日本正式并吞。

日本长崎市有祭祀妈祖且历史悠久的佛寺，建于1624年的兴福寺，持续繁荣至今，1628年的福济寺留有石碑，它们都是重要代表，而这个信仰文化在当地也传承400年了。1633年日本德川幕府颁布锁国令，这个锁国令直到1853年美国叩关为止。锁国令施行时，并非完全中止国际贸易，规定只有长崎可进行与荷兰、中国、朝鲜的贸易。这是此时长崎繁荣的重要原因。

1644年明朝灭亡清朝入关，在明朝灭亡之前几年，就有不少福建人到长崎谋生。最知名的就是颜思齐与郑芝龙（郑成功父亲）。福建泉州曾经有一段时间是元朝时中国第一大港，明朝末期，闽南人在海上也很活跃。琉球妈祖文化传播主体为福建移民，而长崎的妈祖文化传播主要也是源于福建移民，尤其闽南的泉州、漳州两府，但也有其他省份的移民。

茨城县的天妃神社，后演变为"弟橘媛神社"，妈祖虽然不是主祀，但为陪祀神明。这个妈祖信仰文化与东皋心越和尚有关。青森县的妈祖文化较为特别，则是因日本当地人的特殊典故，妈祖逐渐发展成为当地海上渔业的特有保护神。另外东京、横滨、箱根的妈祖文化，则与近代华人移民有关，包含台湾海峡两岸的移民。一些华人华侨长居日本，但保留传统，期盼妈祖能保佑其家人与商业。

从1424年算起，至2024年，妈祖文化在日本的传播刚好为六百年，可说已融入日本部分地区，成为日本某些"地方特色文化"的一部分。并且妈祖文化对当地华人社区仍持续有相当的影响力。日本的妈祖文化加强了中日两国文化的联系，间接加强了两国的友谊，加强了日本华裔对中华文化的向心力，促进了海上丝绸之路的继续不断拓展。

拾

妈祖文化在朝鲜半岛的传播

韩国在第二次世界大战结束后，又经历了韩战的破坏，但其后至2023年，经济与各方面的发展十分成功。可以说1945年后，只有两个地区，从贫穷落后的农业经济体发展为工业经济体，那就是韩国与中国台湾。

在中国《二十四史》里的外国传中，朝鲜几乎总是排在第一位，而后是安南或日本。《史记》里有《朝鲜列传》，从秦朝末年燕人卫满率众建卫氏朝鲜开始讲起，没有说到箕氏朝鲜。《史记》中《宋微子列传》记载"于是封箕子于朝鲜而不臣也"，意思是周武王灭商后，封商纣王叔叔箕子于朝鲜。

目前朝鲜半岛学者，多数认为箕氏朝鲜并不存在，是汉武帝征服朝鲜半岛北半部后，学者编出来的，以利于中华帝国在朝鲜的统治。《尚书大传》是西汉作品，有提到箕氏朝鲜。《尚书》与春秋诸子作品并无提到。《论语》中孔子说"殷有三仁焉……"，有提到箕子，但并无提到箕氏朝鲜。当然即使从秦末卫氏朝鲜启始，朝鲜半岛的历史也算是悠久。

朝鲜半岛上的华裔非常少，可能很多人在古代就已被同化，因为朝鲜的民族意识强烈。因韩国政府颁布许多排斥华商的政策与法令，故1970年代尚有十余万华人的韩国，1990年代下滑至两万多人。20世纪有数据统计，韩国约有2.3万华人，朝鲜约有2.2万华人。其他国家或地区的华人祖先大多来自广东、福建，韩国95%来自山东，朝鲜则不少来自中国东北。21世纪朝鲜半岛新移民大约54万人，39万人为中国朝鲜族，15万人为汉族与其他民族。中国境内的朝鲜族是二战前，日本占据朝鲜半岛与中国东北时移入的，二战后留在中国境内。

一 1598年陈璘在朝鲜半岛建庙祭关公与妈祖

越南与朝鲜半岛、日本不同，除华裔华侨外，有不少非华裔越南人也是中华传统众神信众，从这个角度来说，越南传统信仰文化比朝鲜半岛、日本更接近中华。非华裔的妈祖信众，越南多于日本，日本多于朝鲜半岛。朝鲜半岛本地人信奉妈祖的很少，但朝鲜半岛有不少华侨，故朝鲜半岛也有流传于华侨群体的妈祖文化。

1592年至1598年，日本丰臣秀吉派兵侵略朝鲜，明朝派兵支援。中方习称"万历朝鲜之役"，朝鲜称"壬辰倭乱""丁酉再乱"。1598年（朝鲜宣祖三十一年），前去朝鲜的明朝水师陈璘和季金在朝鲜半岛的古今岛涌金山下建立了关王庙。

陈璘，字朝爵，明朝嘉靖二十二年（1543年）出生于韶州翁源县（今广东省翁源县），到朝鲜半岛前，陈璘曾经在妈祖信仰热络的广东省南澳担任过副总兵。除了明朝水师，当时的朝鲜水军也归陈璘指挥，朝鲜名将李舜臣实际上也是陈璘的属下。

1599年（宣祖三十二年），李天常撰写《古今岛关王庙创建事实》，内容描述了关王庙的情况。关王神像和牌位被供奉在庙的中间，天官、地官、水官三官大帝和千里眼将军被供奉在东侧，妈祖被供奉在西侧。记载如下："右又立千里望者之神一人。西有天妃圣母之位，位牌书之曰护国佑民天妃圣母之位。其左右有侍女二人，左曰海渚之神，右曰南瞻部洲之神。"

所以这是朝鲜有纪录的第一座关帝庙[①]。这座关帝庙陪祀妈

---

① 朴现圭（韩国顺天乡大学）《韩国的妈祖信仰现况》《莆田学院学报》，第23卷，第1期，2016年2月。

祖，并有千里眼将军，所以这也是朝鲜半岛第一座有明确记载陪祀妈祖的宫庙。后来朝鲜将陈璘、邓子龙、李舜臣列为古今岛关王庙的从祀对象。

明崇祯十七年（1644年），崇祯皇帝自杀殉国，其后南明抗金逐渐失败，明朝灭亡。此后陈璘的孙子陈泳溱拒绝降清，但也无法光复明朝，他率领家人亲戚渡海移居朝鲜，定居在有关王庙有妈祖的古今岛。

后来清朝修撰《明史》时，考虑当时仍有"反清复明"思想，就把罗应鹤对陈璘的弹劾当作史实罪证记录于《明史》[①]中，让这个抗倭名将名誉受损，时至今日，不少人阅读《明史》时，也会被误导，以为陈璘是个克扣士卒、贪墨军饷的"黑将"。

关王庙之后经过多次整修，祭祀活动持续。后来在"丁酉倭乱"有贡献的重要人物也被供奉。1666年（显宗七年）大明陈璘将军被供在东厢；1683年（肃宗九年）朝鲜李舜臣将军被供在西厢。到了日寇占据朝鲜半岛时期（1895年至1945年），关王庙受到影响。1940年日寇为破坏朝鲜半岛的民族意识，关王庙传统祭祀都被废除，包括妈祖牌位在内的文物都被清除。

关王庙旁边的玉泉寺也被搬到了关王庙。因日本人也信佛，原关王庙改成了佛教寺庙才没被拆毁。二战日本投降后，1953年，关王庙原建筑被命名为"忠武祠"，李舜臣被供奉在正殿。1959年露梁海战中为国牺牲的李英南成为配享。1960年忠武祠被指定为史迹建筑。今日忠武祠已无关王与妈祖牌位，但从1598年至1940年妈祖曾在这地方被祭祀数百年。虽然目前消失了，但这仍是妈祖文化在朝鲜半岛特殊的一章。

[①] 《明史·卷二百四十七·列传一百三十五》。

二 1893年仁川建义善堂外观纯粹中华样式

义善堂是1850年代以华严寺之名存在的祠堂。1883年随着清代中国领事馆在仁川设立，附近华侨数目增加，逐渐形成中华街（清馆）。1893年，旅居仁川的华侨把华严寺改成义善堂，是为了让华侨在外国能恪守大义、与人为善。

2006年，由仁川华侨以及社会各界捐款，将义善堂维修成现有样子。义善堂离仁川中华街不远，外有"八仙过海"壁画，内有一座石塔。入门一牌写着：仁川广域市华侨协会"指定文化遗产"。整个建筑是纯中华样式，所有文字皆繁体中文。

义善堂有五厢房祭祀五神仙，胡三太爷、四海龙王、观音、关公和子孙娘娘。子孙娘娘又含五神：中为妈祖神，左侧为注生娘娘、眼光娘娘，右侧为瘢疹娘娘、耳光娘娘。

韩国当地称妈祖为"妈祖神"。胡三太爷与胡三太奶则是中国东北之仙长，有名于东北。据说仁厚慈善，道行高深。常仗义疏财，有求必应，是保家之仙。福建与台湾则几乎全无祭祀，大部分人也从未听闻。

三 2001年建慈母宫——韩国人在台建妈祖庙

在台湾也有一座由韩国人发愿兴建的妈祖庙，新殿宏伟庄严，规模比仁川义善堂大，庙前广场宽敞，每年庆典活动也很多。其脸书名称为"桃园芦竹慈母宫——韩国妈"，清楚指出其由韩国人创始。

慈母宫创立于2001年，从八坪大房子开始问事济世，供奉由台湾云林县北港朝天宫分灵而来的妈祖。正殿奉祀天上圣母，左边祭拜观音佛祖，右边祭拜福德正神。

慈母宫的主任委员朴婕瑀是大韩民国庆州人。多年前她在台湾台南新营发生严重车祸，却奇迹般平安度过。从此成为虔诚的妈祖信徒。她自制韩国泡菜贩售，筹措建庙基金。后来获得妈祖敬仰者的支持，购买土地，并继续募款，最后兴建了巨大的新殿。

2023年6月10日，慈母宫在韩国庆州举办"观音阁安典礼"，这个临时行宫观音阁规模不大却很庄严。台湾十多座宫庙派代表前往韩国参加典礼，数百人见证台湾妈祖分灵至韩国，然后观音阁正式揭匾安座。

朴婕瑀说，韩国当地的信仰还是以佛教为主，要改变一个民族的文化并非易事，但因为妈祖被视为观音菩萨的化身，所以在观音阁这个临时行宫除供奉妈祖外，也供奉观世音菩萨、地藏王菩萨等佛教神祇。她又说，韩国当地人还不认识妈祖，要仰赖大家慢慢来介绍。此次分灵妈祖到韩国，也将是妈祖信仰文化国际交流的重要时刻。

四 2006年建釜山韩圣宫由台湾分灵妈祖

当代韩国也有新建的妈祖庙，渊源颇特殊，是由台湾传入的。1972年台湾云林县台西乡建立了慈圣宫妈祖庙，1990年其信徒在台湾新北市建立了分庙慈明宫。

2006年，韩国釜山华侨从台湾慈明宫分灵粉脸妈祖神像到韩国釜山建立了韩圣宫，地址在釜山市影岛区蓬莱洞 3 街 132-2 番地。每农历初一及十五举行祭祀，每年庆典也会举办巡安游行活动。至今香火还不错，不少韩国华侨会去拜拜祈福。这也是妈祖文化在海外传播特殊的一页。

五 在朝鲜半岛的传播现象与影响

妈祖文化在韩国并不很盛行，主因是华侨较少。另外，与其他国家华人相比，朝鲜半岛较少来自中国南方福建省、广东省的移民，且很多华人已经通婚融入当地韩国文化了。1598 年，明朝陈璘将军率军入朝，协助朝鲜击退丰臣秀吉的侵略军，并在朝鲜半岛建庙祭关公与妈祖，或可视为妈祖文化正式在朝鲜半岛传播的开始。这个关帝妈祖庙虽然后来消失，但也是中韩关系一段特殊的历史。

1893 年兴建的仁川义善堂中，妈祖只是陪祭，但整个义善堂就是一个中华传统众神宫庙，已经成为仁川中国城附近的重要观光景点。

近年有由台湾传往韩国的妈祖信仰文化——韩圣宫，是台湾式的妈祖庙，有一些在韩国的华侨信众，也经常举办活动。而韩国人朴婕瑀在台湾桃园市创办了慈母宫妈祖庙，还成功募款，兴建了宏伟的妈祖宫殿，近年还分灵至韩国，这也是中韩文化交流颇奇特的一页。

以上种种说明妈祖文化在朝鲜半岛仍有一些吸引力。位于半岛北部的朝鲜，因为经济不自由，反对宗教，中华传统众神文化难以生存。朝鲜半岛妈祖文化的传播仍然主要是海外华侨的贡献。朝鲜半岛的妈祖文化之影响力应该不大,比不过马来西亚、新加坡、越南、日本,但也是中韩关系史上的一段有趣丰富的文化交流。

拾壹

妈祖文化在美国的传播

美国疆域广阔，天然资源非常丰富，工业革命早，经济发达。美国的华人移民数量众多，且持续快速增长。美国华裔各方言族群繁多，来自中国大陆、台港澳地区及东南亚各国的华裔皆不少。2020年，美国的广义华人数量有530多万（含混血），占美国总人口约1.6%。仅次于约有800万华人的印尼，约有700万华人的马来西亚，以及约有550万华人的泰国，预计将很快超过泰国。30年后，美国很有可能成为世界上华人最多的国家。

美国华人表现杰出，例如：丁肇中、钱永健、朱棣文等都是诺贝尔奖获得者；骆家辉曾任华盛顿州州长及美国商务部长；朱棣文曾任美国能源部长；赵小兰曾任美国运输部长与劳工部长……近年，世界人工智能领域的代表人物，世界图形芯片的权威黄仁勋创立的英伟达公司（Nvidia），市值已达到世界第五，超过亚洲、欧洲、非洲的所有企业。

美国华裔与其他地方华人一样，通过移民带去了妈祖文化。而且平均来说，美国华人较为富裕，经济好就会更注重文化与信仰，故其妈祖文化虽然传播较晚，但持续繁荣。21世纪初年，海外妈祖文化以马来西亚、新加坡、日本、越南较为丰盛，未来美国极有可能并列其中，成为海外重要的妈祖文化活动地。

一　1889年始檀香山林西河堂天后宫有特色

夏威夷"檀香山林西河堂"是当地林氏宗族的一个协会，创立于1889年，前十年是租房经营会务。《林西河堂一百周年纪念特刊》载，西历一八八九年本会址，始创在正埠示蔑街，介于荷梯厘街及报鸦喜街。十年以来会馆乃由林族人士所租赁……溯本堂建立会馆之际，同时祀立天后圣母金身。历年诞辰，皆有热闹祝典。①

林西河堂是林氏最早的郡望堂号，可追溯自中国战国时期，魏国的西河郡，在今日山西、陕西交界河段，当时称为西河。西河郡辖域大约在今陕西省华阴以北、延安以南、黄河以西地区，黄河晋陕峡谷两岸。

经过十年，有人捐地捐钱，"向我林族四处募捐，雇请工匠，建筑一层木楼两座。同祀天后圣母"②。1899年在现地完成夏威夷"林西河堂天后宫"木楼建筑。1953年再改建为钢筋水泥的二层楼宫庙，离檀香山市中心约900米，位于中国城河边街，里面供奉妈祖等神明，来参拜的大多是华裔和越南裔。

建筑二楼的上边有"林西河堂"四个汉字，其上有"林西河堂"的方言拼音：LUM SAI HO TONG。左写"1899"，右写"1953"。底下有更大的"天后宫"三字。里面有宝殿，上面红底黄字由右而左为"天后宝殿"四字。两旁有相同格式由上而下八个汉字——"护国庇民天后圣母"。妈祖神像的前方，供奉"南无观世音菩萨"。据《天妃显圣录》等记载，妈祖是观世音的化身。

2019年4月27日，天后宫举办了天后圣母妈祖1059岁寿诞法会暨林西河堂成立130周年纪念活动。法会后由信众护卫妈祖出巡。林西河堂天后宫与其他天后宫类似，农历新年与农历三月二十三日妈祖诞辰最热闹，信众聚集最多。林西河堂天后宫已成为当地中国城景观的一部分，也是当地观光事业里，很具有中华文化特色的一个景点。

---

① 《林西河堂一百周年纪念特刊》。
② 《林西河堂一百周年纪念特刊》。

二 美国1986年建旧金山朝圣宫春节游行常获奖

　　加州是美国最富裕、人口最多的州。旧金山市的英文原名为San Francisco，译音为三藩西斯科。19世纪中叶，此地发现金矿，吸引各国人来淘金，故华人称其为旧金山，称澳洲墨尔本为新金山。

　　旧金山中国城内，有一座来自台湾北港的妈祖分灵庙——朝圣宫，又称美国妈祖庙。1986年，创办人于台湾祖庙——北港朝天宫办妥北港妈祖（此尊妈祖恭称福镇妈，有六尺高）分灵手续。原庙址设于旧金山维也纳街。同年11月妈祖庙迁移至旧金山中国城内，妈祖移驾游行，信徒随香护驾。新庙址设于旧金山都板街（Grant AVE.）566号二楼。当时建筑规模虽不大，但香火仍缓慢增加。

　　旧金山"中、韩、越农历新年花车大游行"每年约有十万人参加，是旧金山市的重要欢乐活动。当地过去常称农历春节为"中华新年"，近年则多称之为"中、韩、越新年"。因为当天也是韩国人和越南人的春节。近年旧金山朝圣宫经常参与这个新年大游行，且还数次获奖，当地人称其"最具特色、热闹有趣、具有古典中华风情"。

　　1992年，朝圣宫报名参加旧金山"中、韩、越农历新年大游行"，创新性地把传统妈祖巡安融合于欢乐游行活动，结果荣获特别组第二名。1994年由北港朝天宫祖庙分灵之太子爷、虎爷奉请移驾至美国朝圣宫。1996年建好三层楼房的新厦，迁移新址，地址为旧金山贝克特（Beckett）街30号。而1996年朝圣宫又参加旧金山中、韩、越农历新年大游行，又荣获特别社区文化奖。这也是其第五届妈祖巡安绕境。

旧金山朝圣宫妈祖殿供奉主神妈祖，旁有千里眼与顺风耳两将军，也祭祀中坛元帅跟虎爷。右殿供奉观世音菩萨、关圣帝君、注生娘娘。左殿供奉土地公及太岁。与台湾北港朝天宫有经常的联系，也组团参加台湾重要的妈祖活动。例如，2023年3月26日，由旧金山朝圣宫25位信众组成的第八次谒祖进香团抵达北港朝天宫进香。美国妈祖庙朝圣宫颜荣利董事长表示，朝圣宫因香火鼎盛，已成为美国政府网站推荐的旧金山重要旅游景点之一。而朝圣宫"妈祖出巡"富有特色，每年也会受到邀请参加旧金山大游行。

三 1986年建休斯敦天后庙分灵自台湾鹿港

休斯敦天后庙、佛光山中美寺（台湾佛光山的美国分庙）、潮州会馆本头公庙、密仪雷藏寺、休斯敦关帝庙，都是美国得州颇具规模的中华传统众神宫庙。美国得州休斯敦天后庙又称为得州越棉寮华裔联谊会天后庙，顾名思义此庙与"得州越棉寮华裔联谊会"有关。

这个天后庙起于1986年。其网站介绍，美国得州休斯敦市天后庙，英文名称为Teen How Taoist Temple Houston，直译为"休斯敦天后道教庙"。地址为"1507 Delano Street, Houston, Texas 77003. United States"。开放时间为上午9点到下午5点。

大门牌楼外侧中间大门上有"天后庙"三字。右有"风调雨顺"，左有"国泰民安"各四字。牌楼内侧中为"湄洲天上圣母"六字，右为"圣德配天"，左为"母仪称后"，各四字。

进大门后，广场右侧有观音像、祭土地公小建筑及烧金纸的炉。左侧是给进来参观的人休憩的地方，提供很多户外桌椅。还有一座二层楼建筑，上面由右至左写"道教纯阳宫"五字。

进入正殿，湄洲妈祖居中，左为观世音菩萨，右为金母娘娘，再右为关圣帝君。左为土地公，右为城隍，前为玉皇大帝。这个得州天后庙的妈祖是由台湾彰化县鹿港天后宫分灵而来。屋顶上的琉璃瓦也是台湾信众捐赠而来。整个规划很像台湾的妈祖庙。

这天后宫除了是宗教信仰的活动场所，也是文化传承中心，后面建筑挂牌"天后社区中心"，还提供中文学习课程。天后庙除了协助刚到美国的华人外，还曾支持2008年北京奥运会，为"5·12"四川汶川地震灾区捐款，常对各种天灾受灾群众伸出援手，发扬妈祖的大爱精神。

四 1990年建洛杉矶天后宫逐渐成为观光景点

美国"金瓯同乡联谊会暨罗省华埠天后宫"于1990年成立，同年1月即购置永远会址，现有会员3000余人，都是越南金瓯省的乡亲。该会曾经先建立一座简单小型的"洛杉矶天后宫"，也称"罗省华埠天后宫"，然后努力募捐，2001年开始动工，一边兴建一边募款。2005年兴建完成华美的新殿，并由当年副会长率团前往越南金瓯市，恭请天后圣母百年金身来美国，奉祀于洛杉矶天后宫，其后逐渐成为洛杉矶的观光景点。

有人形容天后宫是其有幸去过的最美丽建筑之一。洛杉矶天后宫逐渐成为洛杉矶华埠香火最盛的庙宇，其每年除夕夜的守岁与迎新年庆典，如燃放爆竹等，已经成为洛杉矶重要的中国春节活动。近年农历正月初一，常有大批华人涌入天后宫上香祈福。

2023年，在洛杉矶观光网站排名中，洛杉矶天后宫在790项景点中排第202名。

美国洛杉矶天后宫主要由美国的越南潮汕华裔捐建。主建筑为中华传统样式，庙宇主要文字为繁体中文，正殿大门上由右向左有"天后宫"三个大字，及右边"罗省"、左边"华埠"四个较小的文字。除妈祖外，还供奉关圣帝君和福德正神。洛杉矶天后宫每逢农历初一、十五及星期日中午或诸神纪念日时，都会提供免费斋饭。吸引愈来愈多各族群民众前来，甚至还常看到非亚裔的群众参与。

天后宫在当地非常有名，附近交通热闹，路上经常可见很多人都拿着花或橘子来天后宫拜拜。这里的信众以"美国的越南华裔"居多。洛杉矶天后宫及其附近，英语、越南话、潮汕话都可听到，另外，说广东话的信众也不少，因为美国加州的广东省及香港移民也不少。

五 2006年纽约建圣母宫后分灵大甲妈祖

妈祖林默、陈十四娘娘陈靖姑（又称临水夫人）、吴圣天姑吴媛是福建三大女神，并流传甚广。在莆仙很多地方，人们常可看见名为"三妃宫""三妈宫"的宫庙。宫庙内供奉的三妃就是这三女神。吴媛是百姓心中的"药女神"，另外据说唐朝中宗神龙年间（705年—707年），吴媛助兄吴兴领导乡民修筑杜塘长堤，防海潮护田[①]。

---

① 南宋高宗绍兴十九年（1149年），兴化郡守陆奂钦奏请高宗皇帝敕封吴兴为义勇侯，吴媛为顺应夫人。莆田现有的许多地名如龙桥、赤溪、漏头、吴刀等，其源起都跟吴圣天妃有关。2015年，吴圣天妃民间信俗文化被列为莆田市非物质文化遗产项目名录。

根据《八闽通志》记载，陈靖姑是唐代人，生于唐大历二年（767年），自小天赋异禀，能预知未来事且精通法术。后来她在临水地方穿红衣斩白蛇，行神迹[1]，后消失不见。当地人寻访结果才知道她原是神人所化身，故立庙崇祀。不论祈求天和、驱逐疾疫、祈求子嗣等，都相当灵验[2]。

唐朝末年黄巢起义，福建军民逃难，878年至879年，浙江温州出现了大量来自福建宁德的移民。宁德移民带来了陈靖姑的信仰文化，并在温州流传下来。因浙江南部不少人信奉妈祖嫡亲"陈十四娘娘"，而美国纽约有不少浙南温州移民，1993年经"道教会"帮助，陈十四娘娘像被送到美国纽约华埠。

经过13年，温州移民持续增加，特别是在纽约皇后区可乐娜和法拉盛区域，因当地很多人信奉道教中的"陈十四娘娘"，华埠的老庙不能满足愈来愈多信徒的祭拜要求，故2006年修建了设在皇后区的新"陈十四娘娘圣母宫"。

2007年3月，美国纽约圣母宫黄董事长惠光师兄，到台湾恭请台中市大甲镇澜宫天上圣母妈祖分灵美国纽约皇后区圣母宫，以惠泽华人，护佑苍生。此后纽约皇后圣母宫兼祀妈祖，至今香火不错。

---

[1] 《陈靖姑收妖》故事曾被改编为台湾电影，由余汉祥导演，唐宝云主演，1978年5月上映。

[2] 陈靖姑在宋朝淳祐年间（1241—1252）被封为崇福昭、惠、慈济夫人，立有顺懿夫人匾额。供奉于临水夫人的祖庙——福建省宁德市古田县大桥镇临水祖宫。2022年11月27日至29日，以"千年临水情　两岸一家亲"为主题的第十四届海峡论坛·陈靖姑文化节在福建省宁德市古田临水宫祖庙举行。

六　2015年纽约建美国妈祖庙活动多

纽约"美国妈祖庙"为"美国妈祖基金会"所创立，2015年5月11日（农历三月二十三日妈祖诞辰）建成，所供奉妈祖为莆田湄洲祖庙分灵而来。地址在纽约法拉盛中国城（Flushing NY）。

湄洲妈祖祖庙林金赞董事长一行，专程到美国，护驾妈祖分灵圣像在纽约安座，并为美国建造的妈祖塑像开光剪彩，为纽约信众祈福。

纽约的美国妈祖庙创立后活动不少，例如，2023年5月12日，携手社区共同举办"纪念妈祖诞辰1063周年暨世界和平文化节大游行"。此次活动得到很多华侨团体及纽约政府官员的支持，如出生于柬埔寨，七岁移民到美国的纽约市议员黄敏仪，美国福建商会林慈飞主席等。

七　2019年专机由台湾护送妈祖至威斯康星州

妈祖文化在21世纪是否仍具有吸引力？这是探讨妈祖文化未来发展的重要问题。本节以世界员工最多的制造业集团为例说明。鸿海（富士康）全球集团曾有110万员工，目前约70万，它是世界员工最多的制造业集团，也是中国世界员工最多的商业集团，其工厂横跨中国、越南、印度、日本、美国、墨西哥、捷克。这集团规划各地为独立公司核算，并未设定整体为一个企业，所以有时影响力被低估。

大部分苹果的产品由其代工生产，苹果是全球市值最大的企业。该集团也为很多其他大公司代工生产，是隐藏的巨兽。台湾称鸿海，富士康是其中国大陆子公司的统称。河南省富士康郑州科技园区员工曾高达20万。鸿海（富士康）是世界最大手机生产者，世界第二大的荧幕（电视）生产者。

要推动"一带一路"，要有庞大外汇。中国大陆目前是世界上最大的出口者，而从2002年至2023年，富士康集团每年都是中国大陆最大的出口者，为中国大陆赚取最多的外汇，这21年其出口平均占中国大陆全部出口的3.75%，其出口是很庞大的数字，而富士康的创办者就是郭台铭。

1945年10月台湾光复，30多万日本人离开台湾。1949年，台湾人口约550万，而后自中国大陆各省涌入约100万人，六成与军队有关。郭台铭父亲郭龄瑞由中国大陆随军队来台。在台北县（今日新北市）板桥的派出所担任警员，当时派出所宿舍不够，借用板桥慈惠宫部分房间为宿舍，慈惠宫是一座历史悠久的妈祖庙。

不久郭龄瑞长子出生，取名郭台铭，一家人挤在庙内小厢房。直到父亲其后调职到中和、永和辖区才搬离，郭台铭小时候住在这个妈祖庙九年。除郭台铭家人外，台湾几乎未曾听说，有其他人小时候曾长期住在妈祖庙。慈惠宫也因郭台铭而闻名全台，后来顺应信众期待，把当年郭台铭起居地方改建为"五路财神殿"，结果这财神殿香火旺盛。

郭台铭20岁开始与十名员工创业，生产计算机零件。1975年慈惠宫改建时，大门外的一对龙柱便是年轻的郭台铭捐献的，当年就花了新台币二百万元。

慈惠宫俗称"板桥妈祖庙"。1750年（清乾隆十五年），福建漳浦人林成祖率众跨海来台，当时有一位行脚僧，从福建湄洲奉请一尊天上圣母来台，盖了一座茅草屋供奉。这些漳浦同乡知道之后，共同募款成立了"天上圣母金浦会"，盖了一座小庙安置圣母，这是慈惠宫的初址。后来因为信众愈来愈多，故迁面积较大的现址。1873年，当时板桥的望族林家林国芳召集陈元瑞、林澜波、杨早明等人捐款重修慈惠宫，该庙逐渐成为板桥地区的信仰中心。

2017年9月22日，郭台铭董事长亲自到福建莆田湄洲，抬轿护驾送妈祖上渡轮，开始了为期17天的"2017湄洲妈祖巡游台湾"活动。9月23日，湄洲妈祖于下午两点抵达台北港，下午五点驻驾板桥慈惠宫，整个过程都是由郭台铭牵线与捐款赞助。郭台铭年初就跟板桥慈惠宫提议，并捐赠活动经费两千万元台币，甚至协调开放两地直达船班。

2017年9月25日下午，妈祖抵达鸿海的新北市土城总部，举行"祖赐鸿福"大典，这是这次妈祖巡安绕境唯一造访的私人企业，鸿海董事长郭台铭前一天表示，他生在妈祖的庙里，60年来受妈祖庇佑，还发下宏愿——要把妈祖迎去美国！此次绕境为纪念湄洲妈祖金身巡游台湾20周年和妈祖羽化升天1030周年而举办。

2018年2月12日，台湾板桥府中三角公园的湄洲妈祖金身，由郭台铭出资，举行开光仪式，由新北市朱立伦市长、郭台铭董事长及板桥慈惠宫江清秀主委等剪彩。2018年2月16日，农历正月初一，福建莆田湄洲妈祖祖庙与台湾新北市板桥慈惠宫，跨越海峡两岸连线，共同举行新年诵经祈福仪式。其间郭台铭董事长也到板桥慈惠宫进行新春祈福，湄洲妈祖祖庙董事长林金赞携祖庙董监事成员视频连线，与郭台铭、慈惠宫主委江清秀等互拜早年，这也是妈祖文化的新科技应用。

2019年5月1日，郭台铭与美国总统在白宫再度会谈投资，郭台铭曾被美国总统特朗普公开称为"世界最伟大的商人，我的朋友，郭台铭"。5月2日妈祖与关公神尊，搭专机由台湾飞到美国威斯康星州科学园区坐镇[①]，郭台铭在美国恭迎，以保佑生产及员工。据悉，这个威斯康星州妈祖是来自台湾彰化鹿港天后宫的妈祖分灵。

台湾社会各种宗教都很丰富。基督新教与旧教天主教的信徒也很多，各县市几乎都有基督教或天主教医院。除郭台铭及台湾前立法机构负责人王金平以外，热心于妈祖文化的企业家、政治家还有很多。例如，2018年2月21日，台湾的大企业——长荣海运公司——董事长张正镛也率领首席副总经理及各部门副总经理莅临北港朝天宫参拜。这些例子说明，妈祖文化在21世纪仍然相当具有吸引力。

八 2022年华盛顿州建妈祖文化园分灵台湾南瑶宫

美国本土太平洋岸有三大州，即华盛顿州、俄勒冈州、加利福尼亚州。华盛顿州位于美国本土最西北端，与美国首都华盛顿市不同。2016年，王娟珠由美国返回湾时，经由彰化市邱建富市长引荐，分灵彰化市南瑶宫妈祖至美国，进而创办了"北美妈祖文化交流协会"，她也是"台湾妈祖文化研究协会"的会员。

2022年8月30日，在华盛顿州首府西雅图，举办了"国际妈祖文化园区"签约仪式。"北美妈祖文化交流协会"与华盛顿州金县正式签约，计划在金县的公园预定地，建设"国际妈祖文化园区"。王娟珠也是"世界华人工商妇女会"西雅图分会的会长，她

[①] 2017年7月，富士康宣布，4年内在威斯康星州投资100亿美元，建造最先进LCD面板厂，最终在当地创造1.3万就业岗位。富士康威斯康星工厂是美国历史上最大的绿地投资项目，特朗普将之称为"世界第八大奇迹"。

希望美国华人也得到妈祖的庇佑，故努力于这个文化建设。

金县（King County，直译国王县）行政长官 Dow Constantine（音译丹·康士坦丁）、金县议长 Claudia Balducci（音译克拉迪·布德西）、华盛顿州参议员长谷川 Bob Hasegawa 等众多美国当地名流及华人社区人士参加[①]，约110人出席这场活动。华盛顿州金县行政长官 Dow Constantine 宣布将9月9日定为美国该县的"妈祖日"，并规划将来每年的这一天，举办不同议题的国际妈祖文化节。由此可以感觉出，妈祖文化在美国华盛顿州也受到相当的尊重。

九　在美国的传播现象与影响

妈祖文化在美国的传播，显然是比东南亚与日本迟。19世纪末20世纪初移民至美国的华人数量并不多，有些是清末去兴建横贯美国铁路的，有些是民国初年到美国留学的。今日大部分美国的华裔则都是1945年，第二次世界大战结束后，才移往美国的。美国经济繁荣富裕、政治与信仰自由、土地资源丰富、较愿意接收难民等都是其移民原因。

美国是20世纪与21世纪世界最大的移民接收国。20世纪及21世纪移往美国的华人快速增加。并且有不同的传播路径，而其

[①] 参加签约仪式的还有贝尔维尤市副市长 Jared Nieuwenhuis、贝尔维尤市议员梁浩婷 Janice Zahn、公园项目负责人 Scott Thomas 和 Doug Hodson 等。以及西雅图警察局队长 Steve Strand，西雅图当地的社团至孝笃亲公所、西雅图著德会、华州广州同乡会、华州广府人联谊会、江门五邑青年会、华州四川友协、福建工商会、西雅图高雄姊妹城市协会、中华商会、潮汕商会、台联会等社区组织代表。

成分与方言也各种各样——有东南亚华裔的再移民；有来自越南、柬埔寨、老挝的难民及其亲属。1980年后来自中国大陆的留学生与移民逐渐增加，且规模愈来愈大，逐渐占华人移民美国的首位。

平均来说，台湾、香港的华人移民较早，故较早融入美国社会，所以在美国不少地区，台湾、香港的移民较有影响力。

大部分美国的妈祖宫庙历史较短，但也有一些建得颇具规模，并常有各种活动，如旧金山朝圣宫、洛杉矶天后宫、休斯敦天后庙等。美国的华人平均来说较为富裕，信仰文化的环境又很自由，所以近年妈祖文化在稳定成长，妈祖文化相关活动日益增加。随着华人移民的快速增加将来其妈祖文化应该会更加昌隆，本著作认为这是妈祖文化未来相当有发展潜力的地区。

拾贰

妈祖文化在加拿大与中南美洲的传播

一　加拿大2018年联邦及省议员祝贺妈祖诞

2022年加拿大人口约3890万，很接近福建省的人口。但加拿大人口快速增长中，因其地广人稀，每年接纳大量移民。广义华裔约180万人（含混血），占加拿大总人口4.6%，含来自马来西亚、新加坡、印尼等东南亚国家的华裔，且各地华人留学加拿大的也多，故加拿大华人亦稳定增长中。

加拿大华人较多，妈祖文化也受到重视。2016年9月16日，"加拿大莆仙同乡会"陈玉炎名誉会长等旅居加拿大华人华侨一行26人，到达莆田湄洲祖庙，在湄洲祖庙林金赞董事长引领下，举行隆重仪式，恭请湄洲妈祖分灵加拿大多伦多。9月18日，分灵妈祖抵达加拿大多伦多机场，受到当地信众热烈欢迎。

经过十个月，2017年7月15日，加拿大中华妈祖文化交流协会及其所属加拿大中华湄洲妈祖庙，在万锦市举行湄洲妈祖分灵安座仪式。万锦市属于加拿大安大略省约克区，位于多伦多以北，为

2016年9月16日，"加拿大莆仙同乡会"到湄洲祖庙分灵妈祖。（湄洲祖庙提供照片）

2016年9月16日,"加拿大莆仙同乡会"分灵妈祖起驾。(湄洲祖庙提供照片)

拾贰 妈祖文化在加拿大与中南美洲的传播

大多伦多地区的一部分。多家高科技公司将其加拿大分公司总部设于万锦,因此万锦常被喻为"加拿大的高科技首都"。万锦也是加拿大少数族群(非欧裔)比率最高城市,占全市77.9%的人口,其中华裔人口占全市46.5%。

又经过约十个月,2018年5月8日(农历三月二十三日)妈祖诞生日,"加拿大中华妈祖文化交流协会""加拿大中华湄洲妈祖庙""加拿大天妃艺术团"在加拿大安大略省万锦市的"中华天后宫"妈祖庙,隆重举行了妈祖圣诞1058周年庆典活动。很多加拿大当地的重要人物都相当关心,证明加拿大的妈祖文化有相当影响力。

加拿大联邦国会谭耕议员及蔡报国议员,安大略省董晗鹏省议员及黄素梅省议员,万锦市市长薛家平,都发来贺信。约克区区议员安思创、李国贤,万锦市市议员杨琦清,列志文山市市议员陈志辉,世界传统文化研究院加拿大分院名誉会长(前加拿大国会议员)梁中心及其执行会长叶祉均等皆发来贺电,共同祝贺妈祖的生日!

135

要当选加拿大联邦、省、市议员，须入加拿大国籍，须有相当的社会地位与人脉资源。他们能够发来贺信、贺电，证明妈祖文化在加拿大受到重视，或可说妈祖文化已经是加拿大认可的重要信仰文化了。

二 巴西圣保罗市至少三次妈祖分灵

巴西是中南美洲第一大国，也是金砖五国 BRICS 之一：BRICS 就是 Brazil，Russia，India，China，South Africa，即巴西、俄罗斯、印度、中国、南非。2022 年 11 月 15 日地球人口破 80 亿，巴西人口达 2.17 亿，位居世界第七。南美洲巴西距离中国福建省非常遥远，差不多刚好在地球的两端，但湄洲妈祖竟然也远渡重洋分灵到巴西的第一大城市圣保罗。

湄洲祖庙《湄洲妈祖志》里面的"大事记"（第 555 页）就有记载，1971 年巴西华侨吴启振夫妇就从台湾北港朝天宫迎请分灵妈祖到巴西圣得罗市建庙奉祀。这里"圣得罗市"就是圣保罗市，只是译音之不同。这是妈祖分灵巴西成就之一。

此外台湾北港朝天宫另有妈祖分灵至巴西圣保罗"全真道院"，其妈祖 40 多年前由北港朝天宫分灵，在台湾供奉十年。30 多年前才由信士蔡仲宽恭请圣母渡海到巴西圣保罗供奉。2013 年转安座于全真道院供奉，每年有不少活动。2018 年 4 月 22 日还举办妈祖绕境并庆祝妈祖圣诞活动，有三百多位中外来宾参与[1]。这

---

[1] 廖世秉《全真道院庆祝妈祖生日举行妈祖洲绕境》巴西华人信息网（2018-04-22）。

是妈祖分灵巴西成就之二。

而巴西妈祖文化传播在2023年又有新的重大成果。2023年2月22日上午，在莆田市湄洲妈祖祖庙举行湄洲妈祖分灵"南美洲闽南同乡联谊总会"仪式。"南美洲闽南同乡联谊总会"会长杨志芳说，分灵妈祖将择日送至南美洲巴西圣保罗市供奉，这是"南美洲闽南同乡联谊总会"的一件大事，也是南美洲华侨华人的共同心愿，将有效提升同乡会社团的凝聚力和影响力[①]。湄洲祖庙董事长林金赞也向"南美洲闽南同乡联谊总会"颁发分灵证书，并赠送妈祖纪念品。这是妈祖分灵巴西成就之三。

21世纪，福建省弘扬妈祖文化有相当的成绩，湄洲妈祖持续分灵各国各地，如加拿大、美国、澳大利亚、意大利、苏里南、莫桑比克、越南、汤加、智利、阿根廷、巴西等国家。而这些成就主要源于海外华裔或华侨的大力推动，21世纪的妈祖文化也因此绵延不绝并传播多国。

三 苏里南2016年分灵湄洲妈祖至其福建会馆

苏里南在南美洲的东北角，原为荷兰殖民地，旧称荷属圭亚那，1954年成为荷兰王国构成国之一，与荷兰平等，1975年独立，所以其虽在南美洲，但官方语言为荷兰语，人口只有60万左右，华裔约占10%。从人口与面积来看都是南美洲最小的国家。多数苏里南华人的祖籍是广东客家人，另有七八千人来自福建省

[①] 中国新闻网《湄洲妈祖分灵南美洲闽南同乡联谊总会：扩大妈祖文化"朋友圈"》（2023-02-24）。

莆田。"苏里南福建商会"谢达会长是福建莆田人,2016年11月初,他邀请苏里南国家体育经济部的部长到中国福建莆田湄洲岛参加一年一度的"世界妈祖文化论坛"活动。

2016年12月3日,远道而来的"苏里南福建商会"代表23人,在福建省莆田市恭请湄洲妈祖分灵至苏里南。"苏里南福建商会"谢达会长等由湄洲祖庙林金赞董事长陪同,在通赞的主持下,向湄洲祖庙正殿妈祖行三献礼,割香掬火礼,并接受祖庙颁发的分灵证书。

谢达会长说:"作为妈祖的故乡人,这次将妈祖恭请到苏里南福建会馆,不仅将妈祖文化弘扬到苏里南,同时将填补当地华人的信仰空白,更能促进华人之间的相互交流。"①

四 智利2018年分灵妈祖至伊基克——两万公里远

智利在南美洲,2022年人口为1983万,经济发展与2022年的福建省很接近。海岸线长,由中国起飞,法国巴黎转机,再到智利首都圣地亚哥,大概需要31个小时,搭船要一个多月。伊基克在智利国土北端,接近智利与秘鲁边境。从圣地亚哥至伊基克,南北道路距离1758公里。中文网络传说,很多智利伊基克华人是清末一支太平天国部队的后裔,并不正确。清朝末年去智利的多数是去挖矿的契约工人。

2018年10月31日,妈祖分灵南美洲智利伊基克市中华妈祖

---

① 中国新闻网,林群华、徐国荣《湄洲妈祖首次分灵苏里南 妈祖足迹再添南美新版图》(2016-12-03)。

2018年10月31日,湄洲妈祖分灵智利伊基克。(湄洲祖庙提供照片)

文化交流协会的仪式,在湄洲妈祖祖庙天后宫严肃举行。祖庙林金赞董事长、智利中华妈祖文化交流协会名誉会长、智利华侨等信众参加了典礼。祖庙为其颁发分灵证书,并赠送妈祖巡安服饰及道具。

随行人员谈到这次分灵智利的初衷:因为妈祖是海上保护神,以及莆田的骄傲。智利的华人主要来自广东省,莆田人并不多,而这次分灵则主要是智利莆田人的赞助。因不少智利莆田人从事进出口贸易,特别希望得到妈祖的保佑。2018年11月3日,智利中华妈祖文化交流协会举行隆重的迎接湄洲妈祖及安座典礼。湄洲祖庙妈祖除了分灵到智利以外,也有资料记载另有分灵至阿根廷。智利和阿根廷这两个国家,应该是湄洲妈祖最遥远的分灵地,接近于到地球的另一端,直线距离近两万公里,交通距离则不止。

五 在加拿大与中南美洲的传播现象与影响

妈祖文化传播于加拿大,时间并不长,但在社会上也有相当的地位，本著作举例的妈祖文化活动可为证明。加拿大的妈祖庆祝活动，有加拿大议员等祝贺信也是个重要说明。华人在美国及加拿大有较好的经济条件，故可以捐较多钱用于举办妈祖文化活动。且美国与加拿大宗教信仰自由，不像其他国家有相当限制。

中南美洲各国的主要宗教都是天主教，且是对天主教很热情的地区。中南美洲的妈祖文化传播路径，也是随着海外华裔族群而移动，基本上只存在于华人社区。中南美洲距离福建省相当远，当地华人虽在极远的地方，却一样寻求妈祖的保佑。

中南美洲距离中国很遥远，阿根廷与智利的妈祖文化，距离中国接近两万公里，跨越约半个地球。中南美洲平均经济也比北美差，但妈祖文化仍然得到传播，且有妈祖庙与湄洲妈祖的分灵，可见海外华人对妈祖的敬仰之深，妈祖文化传播之远，这可能是丰富的福建省文化里，传播最远且最具体的。

拾叁 妈祖文化在大洋洲的传播

妈祖文化传入澳大利亚，可能源于19世纪50年代的淘金潮，当时墨尔本被华人称为新金山，来自广东、福建等东南沿海地区的不少华人移民到澳洲。1901年澳大利亚成为大英帝国的自治领地，澳大利亚持续大量接受移民，不过20世纪20年代至70年代有"白澳政策"，欧裔移民优先。

1970年代白澳政策解除。地理上澳洲接近亚洲，且澳大利亚的国际贸易、外来投资、国际观光客、外国留学生，越来越多来自亚洲。故来自亚洲各国的亚裔人口逐步大量增加。根据2021年统计，澳大利亚人口2569万，有华人139万多，占比5.4%，这可能超出很多人的意料。且数量还在快速增长，很多人不知道澳洲华人增加得这么快。除来自中国大陆与香港的移民很多以外，不少澳洲华人是东南亚华人的再移民。如印尼仍有民族问题，很多印尼华人就努力从印尼移民至澳大利亚。2006年笔者在澳大利亚国家大学留学时，澳洲华人才67万多。目前澳大利亚华人数目已超过日本、越南、菲律宾。

位于澳大利亚第一大都市悉尼南70公里的卧龙岗（Wollongong）市，有台湾佛光山分庙——南天寺，建筑典雅壮观。位于南澳大利亚洲阿德雷德的南普陀寺，供奉观音菩萨，并有一座位于海滩边高18公尺的巨型观音雕像。而近年澳洲第二大城市墨尔本则以"墨尔本天后宫"闻名。这三个宫庙皆建筑规模颇大。澳洲宗教完全自由，各亚洲移民也带去了丰富的信仰文化。

一 澳大利亚源于1987年的墨尔本天后宫建筑壮丽

1975年越南战争结束，战争结束前半年，不少越南及柬埔寨难民逃往国外。战争结束，越南没收民营企业，导致一些越南及柬埔寨华裔逃亡国外。1979年越南侵略柬埔寨，随后爆发了中越战争，边界冲突持续数年。越南政府把愤怒发在华裔身上，不少越南华裔驱逐于船上，任其漂流于海洋。这是历史上很奇特野蛮的政策。故产生了大量的越南华裔难民。大部分国家，不愿意接受，也无法负担这些难民。而美国、澳大利亚、加拿大三国因天然资源丰富，且地广人稀，故接受了相当数目的越南难民。

从越南的南方逃到澳洲墨尔本的海上难民，在1987年成立了天后宫协会。他们经历了海上风雨，以难民的身份到达澳大利亚，经过多年奋斗，事业有成后，捐款创建了一座妈祖庙，以求妈祖保佑大家平安与繁荣。他们是"澳大利亚越南华裔"（Australian Vietnamese Chinese），或称"澳大利亚中华越裔"（Australian Chinese Vietnamese），至于越裔或华裔哪个成分大，就看个人主观感情。

这座妈祖庙最初位于墨尔本"中国城"附近的一座小建筑的顶层。后来搬到富茨克雷区，把一个接待厅改成了寺庙。再后来信

2019年10月25日，澳大利亚墨尔本天后宫参观湄洲岛妈祖文化园。（湄洲祖庙提供照片）

2019年10月26日，湄洲祖庙妈祖分灵澳大利亚墨尔本天后宫仪式。（湄洲祖庙提供照片）

众在富茨克雷区的玛莉拜朗河边买了一大块地，并决定把这块地改造成澳大利亚最大、最宏伟的寺庙之一。新庙宇在墨尔本西郊，距市区约五公里。一边募款一边兴建，经过了很多年，2015年墨尔本天后宫终于正式揭幕。

2019年10月26日上午，湄洲祖庙妈祖分灵澳大利亚"墨尔本天后宫"暨割香掬火仪式在湄洲祖庙举行。墨尔本天后宫代表一行30人，向妈祖依次行三献礼、割香掬火礼。湄洲祖庙董事会董事长林金赞并向墨尔本天后宫董事长陈国财授予分灵证书。

墨尔本天后宫，主建筑宏伟壮观，前方广场有一个雄伟的牌楼，前有"墨尔本天后宫"六字，后有"护国庇民"四字，皆是从右至左的繁体汉字。另外一个钟楼和一个鼓楼分别在广场左右两边。牌楼不远处有人工湖，湖中心立着从中国江苏南京进口的50英尺高白色妈祖塑像。墨尔本天后宫总占地约四公顷，有人形容此天后宫目前可能是海外面积最大的妈祖庙。

二　澳大利亚1991年建悉尼天后宫活动热络

悉尼是澳洲第一大都市，当地华人早期以香港移民较多，以广东话拼音称"雪梨"，大陆则译为"悉尼"。所以当地不同华文报纸，称该城市为"悉尼"或"雪梨"，称当地天后宫为"悉尼天后宫"或"雪梨天后宫"。不少在澳洲的香港移民，有接受当地大学或硕士教育，工作与事业皆发展得较好，也曾有香港移民经过当地直选，成为墨尔本市的市长。

澳洲曾经接收不少越南难民，这些难民到澳洲后，初几年语言、文化不同，可能颇为辛苦，经过几年奋斗，不少人逐步事业有成，然后接其家人到澳洲，故澳洲越南移民不少，其中很多是越南华裔。近年中国大陆移民日渐增加，留学生数目也快速增加，中国成为澳洲第一大留学生来源国，且也成为澳洲第一大贸易伙伴。

悉尼天后宫，当地正式中文名称为"新州天后宫"[①]，新州就是新南威尔斯州，就是悉尼市所在的州，也称"纽省天后宫"，"纽"就是 new（"新"）的译音。其建筑匾额只有"天后宫"三个字。不同于澳洲墨尔本天后宫的匾额有"墨尔本天后宫"六个字。

位于悉尼西南边的 Canley Vale 始建于1991年，1995年建成。比墨尔本天后宫略晚。2018年10月，悉尼天后宫荣誉主席刁

[①] 英国库克船长发现新西兰，觉得与英国西兰类似，故取名新西兰。库克船长又觉得澳洲登陆地类似英国南部威尔斯，故取名"新南威尔斯"，以后成为澳洲一州的名称。

振谋介绍，其祖籍在广东客家区，早年随父母在越南谋生，后乘船逃难到澳大利亚。悉尼天后宫主要由移居澳洲的越南、柬埔寨、老挝等华裔捐资兴建。

该建筑颇为特别，建在一个巨大商场的二三楼，正殿上方是中华传统黄棕色屋顶，庙前广场与广场的白色观世音神像皆在二楼。由外面阶梯走上二楼广场，有"天后宫"匾额。除主祀妈祖外，观世音菩萨、关圣帝君等陪祀。其妈祖、观世音菩萨、关圣帝君神像，为20世纪90年代在台湾请雕刻大师动刀，并在台北市关渡宫开光后运往澳大利亚悉尼的。

2018年9月29日，湄洲妈祖分灵澳大利亚悉尼天后宫暨割香掬火仪式在湄洲祖庙天后宫举行，湄洲祖庙董事长林金赞将祖庙香

2018年9月29日，湄洲妈祖分灵澳大利亚新州天后宫。（湄洲祖庙提供照片）

火传递给澳大利亚悉尼天后宫,并将分灵证书授予悉尼天后宫。2018年10月7日,湄洲祖庙的分灵妈祖抵达澳大利亚安座于悉尼天后宫。

悉尼天后宫活动颇多,参与信众也都数量庞大。例如2019年举行"南半球第一届妈祖巡游"。2020及2021年受疫情影响中断,2022年继续举行"南半球第二届妈祖巡游"。两次皆相当热闹,并受到各界信众与非信众的欢迎。

"南半球第一届妈祖巡游"于2019年6月30日举行。参加活动的有澳大利亚、中国、日本、越南、马来西亚、印尼、瓦努阿图等国的妈祖信众及三十家澳洲艺术团队,规模颇大。"妈祖巡安"是妈祖信俗中祈福的重要活动,通过妈祖出游来达到"扫荡妖氛"、庇护大家平安昌盛的目的。到达目的地后,费菲市(Fairfield)市长Frank Carbone 及澳洲联邦国会议员先后致辞。显示妈祖文化在澳洲颇受到重视。

"南半球第二届妈祖巡游"于2022年10月22日举行。这一天是农历九月九日,是妈祖羽化升天1035周年纪念日。参加活动的含当地艺术团队百余人。上午嘉宾及护驾团举行三献礼,并恭请湄洲祖庙分灵妈祖及台湾大甲镇澜宫黑面妈祖移驾、上轿,锣鼓与鞭炮齐鸣。澳大利亚华人联谊会吴贵光会长,带领嘉宾及信众恭请妈祖起驾前往卡市牌楼广场。

三 瓦努阿图共和国 2018 年分灵湄洲妈祖

瓦努阿图又翻译为万那度,是南太平洋的一个岛国,由83个岛屿组成,人口约30万,华人华侨1000余人。瓦努阿图共和国

2018年4月23日，湄洲祖庙颁发分灵证书给瓦努阿图共和国福建同乡会。（湄洲祖庙提供照片）

福建同乡会郑玉鹏会长祖籍是福建莆田涵江，此次分灵前18年，他前往瓦努阿图工作。他说："妈祖是我在外打拼的精神寄托。"

2017年，郑玉鹏从瓦努阿图回到福建莆田，参加第二届"世界妈祖文化论坛"，他由此产生想法——恭迎一尊妈祖到瓦努阿图福建同乡会的福建会馆，将家乡的妈祖文化带过去，丰富当地中国人的交流方式。

2018年4月23日，瓦努阿图共和国前驻中国大使罗治伟，与瓦努阿图共和国福建同乡会郑玉鹏会长一行五人，在湄洲祖庙恭请分灵妈祖，妈祖文化在世界又增新版图。湄洲祖庙董事长与副董事长陪同在正殿举行"湄洲妈祖分灵大洋洲瓦努阿图福建同乡会分灵仪式",并向瓦努阿图福建同乡会颁发湄洲妈祖分灵证书。

四 在大洋洲的传播现象与影响

大洋洲英文为Oceania,包含澳大利亚、新西兰以及西南太平洋的数个岛国,澳大利亚是最主要国家,面积占九成多。澳大利亚与新西兰的主要宗教信仰是基督教,含基督新教、天主教、东正教(澳洲也有希腊、俄罗斯移民)。欧裔人士多是基督徒,也有一些亚裔也是基督徒。但随着亚洲移民的快速增加,澳大利亚与新西兰日益接近亚洲,社会文化越来越多元。

与印尼相比,澳大利亚、新西兰的宗教信仰环境远为自由,印尼的伊斯兰教传统是反对偶像崇拜的,故印尼华人的中华传统众神信仰(含妈祖文化活动),偶尔会与当地有些冲突。马来西亚与文莱其实也是以伊斯兰教为主的国家,只是其社会信仰方面比印尼宽容。

妈祖文化在澳洲、新西兰、大洋洲岛国的传播,比起东南亚晚,但是发展的热情持续升温,华人移民的快速增加是其重要原因。澳大利亚与新西兰社会较为自由、开放,且包容不同的文化,这已经是他们重要的传统了。可以说其整个宗教信仰环境比任何东南亚国家都更自由,且各信仰文化互相尊重,政治与社会氛围亦较为自由,故澳、新确实比东南亚有较好的妈祖文化环境。

另一方面,澳大利亚与新西兰的经济整体来说较东南亚国家(新加坡以外)好,故妈祖庙虽然数量不多,但香火及捐献并不少。例如，墨尔本天后宫建筑规模宏大，并且农历春节常有活动，显然离不开信众的捐款协助，这也反映了妈祖文化在当地已经具有相当的影响力与吸引力。

拾肆

妈祖文化在欧洲的传播

一　葡萄牙称澳门为 Macau，即妈阁

欧洲文献记载妈祖信仰文化，可能最早始于明朝末年。1431年大航海家郑和在福建省长乐县立《天妃灵应之记》碑，提到前六次航海多国经历。约30年后，葡萄牙亨利亲王设立航海学校，开始对非洲大西洋岸进行探索，其后发现了非洲好望角，开始了大航海时代。1492年哥伦布发现新大陆更是里程碑式的进展。

1553年（明嘉靖三十二年），葡萄牙人从当时明朝广东地方政府取得澳门居住权，成为大航海时代首批进入中国的欧洲人。传说当时葡萄牙人从妈阁庙（妈祖阁）附近登陆，询问当地人这里的地名，因在妈阁庙旁，当地人便回答"妈阁"，于是澳门便被葡萄牙文命名为"Macau"写入地图，其后英文也因循为"Macao"，将最后一个字母"u"改为"o"，以合乎英文习惯。

也就是说澳门的外文名字来源于妈阁。阁是小庙的意思，今日妈阁庙面积不大，但却是澳门重要观光胜地。澳门货币是世界官方钞票中，唯一印有妈祖文化元素的，其钞票有两张分别印着妈阁庙与叠石塘山妈祖塑像。

1549年（嘉靖二十八年）葡萄牙籍耶稣会传教士沙忽略，在其致教友信中提到，在中国帆船上见到供奉妈祖和千里眼、顺风耳神像，以及船员礼拜妈祖的情景。这是流传至今的文献里，欧洲人最早提到妈祖文化。

欧洲记载妈祖的文献还有：1575年（万历三年）西班牙传教士德·拉达在所著《出使福建记》和《大明中国的事物》中介绍湄洲娘妈及中国船员对她的崇拜情形。1582年8月抵达澳门的

天主教耶稣会传教士利玛窦，在其著作《中国札记》提到澳门有一座妈祖庙。另外 1585 年（万历十三年）西班牙传教士冈萨里斯·德·门多萨所著的《中华大帝国史》中也简单介绍了湄洲娘妈的生平事迹。

二 荷兰 1670 年出版著作，妈祖庙古画宏伟

1604 年 8 月，荷兰人第一次占领明朝领土澎湖，明朝当局派驻守浯江（金门）的沈有容驱逐。沈率军入澎湖，双方在澎湖天后宫内谈判，双方文献皆有记载此事。最后荷兰退出。因退荷有功，明朝政府特别立碑纪念，即《沈有容谕退红毛番韦麻郎等》碑。这块碑被嵌在澎湖天后宫的清风阁右壁。

公元 1670 年出版，荷兰地理学家欧弗特·达波（Olfert Dapper）所著的《第二、三次荷兰东印度公司使节出使大清帝国记》之插图中就有妈祖像。有学者认为澎湖天后宫可能是绘画参考。

图中妈祖庙相当宏伟壮观，有些像欧洲的高耸教堂，有天主教教宗所在罗马圣彼得大教堂的感觉。这张图颇珍贵，可能是流传至今最早的载于欧洲出版品的妈祖像。放大看，可见里面也有官员拜妈祖，加上建筑宏伟，似乎绘图者并不认为妈祖文化只是民间信仰，而是个不小的宗教。

图中妈祖像非常高大，两旁有较小的仙人服侍，并有千里眼和顺风耳，这两将军被画得很有神韵，当时无相机，应是绘图者在中国的精密描绘。神像底下有造型小很多的群众跪拜。并有"MATZOU"文字，这个拼法似乎较接近闽南语，今日英译多为

"MAZU"。

与之时间接近的1669年荷兰古画《热兰遮城海战图》里面郑成功也被画得很高大，这或许是当时的绘画风格，特别将主角放大。

1670年欧洲印刷的出版物不是很多，印刷出版成本较高。妈祖图被绘于欧洲描述中国的重要著作中，说明当时欧洲航海者认为妈祖文化在中国有一定的地位。

三　德国、法国皆有分灵自台湾的妈祖

1. 德国法兰克福妈祖分灵自台北

德国是欧洲最大工业国，16世纪基督教宗教改革的发源地，基督教是其主要宗教。但德国金融中心城市法兰克福也有一座天后宫，约成立于20世纪八九十年代，并有一尊从台湾台北迎来的黑面妈祖圣像。

法兰克福天后宫主要为越南、柬埔寨、老挝的华裔，以难民的身份进入德国，经过多年打拼后捐钱兴建的。他们成立了"德国法兰克福印支华裔联合会"。印支指的是中南半岛，英文及多欧洲语文都称中南半岛为印度支那半岛。每年农历三月二十三日，他们也齐聚庆妈祖圣诞[①]，中国台湾驻德国办事处人员也数次受邀参与活动。

---

① 参考"中央社"《法兰克福华裔人士欢庆妈祖诞辰》中时新闻网（2014-04-20）。

2023年5月12日为妈祖诞辰，法兰克福天后宫于隔日举行庆贺活动，这一年的妈祖诞盛会，已恢复疫情前的热闹，特别是前来参与的年轻人明显增加。当地印支华裔联谊会会长王锟文带领大家集体上香参拜，并致辞说："每年法兰克福天后宫都会为妈祖诞辰举办活动，即使过去几年疫情期间，仍然依照德国政府的相关规定来进行，尽管规模无法像疫情前的盛大，未来将会继续不畏任何艰难地举办妈祖诞辰的庆祝活动。"

2. 法国巴黎有分灵自北港的妈祖

《湄洲妈祖志》的"大事记"（第555页）里也记载：1972年法国巴黎真一堂成立，奉北港朝天宫分灵妈祖为主神。所以法国巴黎也有妈祖庙。

四　意大利2016年福建华商会分灵湄洲妈祖

2015年4月17日上午，中国单人帆船环球航海第一人翟墨及其帆船团队前往"妈祖故里"福建湄洲岛恭请妈祖，共同参与"翟墨领航2015重走海上丝绸之路"大型帆船航海主题活动[①]。

---

① 船队由翟墨领航，于2015年4月20日从中国福建平潭启航，途经新加坡、马来西亚、斯里兰卡、塞舌尔、埃及、希腊、马耳他等国家，最终抵达意大利，参与2015米兰世博会中国馆主题活动。活动旨在加强与新加坡在建设21世纪海上丝绸之路的互联互通，促进"一带一路"推行，宣传美丽中国，增进相互了解与友谊。

2016年11月15日，在湄洲祖庙举行仪式，恭请妈祖分灵至意大利那不勒斯福建华商会。（湄洲祖庙提供照片）

　　湄洲妈祖祖庙董事长林金赞带领他们在湄洲天后宫内举行三献礼和掬火分香仪式。伴随着瑞鼓祥钟，翟墨及其团队恭捧湄洲祖庙两尊分灵妈祖和船只模型，前往祖庙圣父母祠焚香告别，祈祷妈祖护佑其航海，期盼顺利到达2015年世界博览会所在地——意大利米兰。从祖庙恭请的两尊妈祖分别安座在"翟墨号"和"沣沅弘号"，护佑大家穿越大海。

　　隔年，2016年11月15日，意大利福建华商会一行五人，远渡重洋到福建莆田湄洲岛，恭请妈祖分灵至意大利那不勒斯福建华商会。当天中午，分灵仪式在湄洲妈祖祖庙天后宫庄严举行。也是遵循古制，手持清香，在通赞的主持下，依次向正殿妈祖行三献礼、割香掬火礼，并接受分灵证书。这是湄洲妈祖首次分灵意大利。

据意大利华商会代表关丽涵女士介绍，意大利目前有华人十几万，其中福建籍有4万多，其中祖籍为福建莆田的有万余人。在意大利，当地人几乎都是信仰天主教。关丽涵女士另表示，妈祖恭请回意大利后将暂时安座在福建华商会，一是给当地华人华侨一个精神寄托，二是一种文化传承。

五 在欧洲的传播现象与影响

欧洲有强大深厚的基督教文化传统，有很多宏伟壮观的基督教教堂。例如，罗马圣彼得大教堂，被称为天主教的心脏，是天主教教宗的办公地；如英国西敏寺，是英国国王的加冕地；又如高耸的德国科隆大教堂。欧洲曾有数百年的宗教战争，主要是出于天主教与基督新教的争议。而东欧的东正教与西欧的宗教又不太相同。东欧的东正教，继承东罗马帝国，有东欧的传统。近代五百年的世界各地，都受到欧洲文化的深刻影响。

欧洲的妈祖文化活动应该是比较少的，因为欧洲华人较少，比不过东南亚或北美洲。而欧洲的妈祖文化主要也是在华人社区间传播，也包含东南亚各国移民及里面的越南裔华人。欧洲的妈祖文化目前应该对当地影响不大，但仍然是很多华裔的精神寄托，所以也有数个从湄洲或台湾分灵的妈祖。

或许也可以说。这些影响不大的妈祖文化也为欧洲的多元文化增添了浅浅一笔。欧洲是19世纪世界的中心，欧洲与美国是21世纪世界的中心，21世纪前半叶，欧洲与美国的文化力量仍然很强大。欧洲华人社区的妈祖文化仍在发展，也正在向欧洲介绍中华文化的一个部分，这些交流也为增进国际间的互相认识做了一些贡献，从而也会促进相互尊重与世界和平。

拾伍 妈祖文化在非洲的传播

一 南非2001年建开普敦朝天宫巡安四千公里

南非共和国是非洲较进步的国家，与尼日利亚、埃及并列为非洲三大国。2020年人口数为5962万。当地除占多数的非洲原住民黑人外，也有荷兰与英国的欧裔移民。南非曾长期由白人掌握政权并实施种族隔离政策，直到曼德拉当选总统，种族隔离政策才得以废除。开普敦（Cape Town）直译海角城，又称好望角，是南非共和国第二大城市，仅次于约翰内斯堡。开普敦为立法首都，行政首都在普勒多利亚。

2001年7月1日，妈祖信众在南非共和国创建了开普敦朝天宫。在中国台湾驻开普敦办事处及高雄渔业界协助下，来自台湾云林县北港朝天宫的分灵妈祖到此安座奉祀。开普敦朝天宫成为全非洲第一座妈祖庙，除了主祀妈祖，另亦供奉三太子；除了供当地华人、华侨祈福外，也为众多台湾远洋渔船提供保佑。

同年2001年10月5日，开普敦朝天宫总干事张炳耀等一行七人从南非飞抵台湾，转车到北港朝天宫参访，并分灵一尊圣母及千里眼、顺风耳回南非供奉。开普敦朝天宫每年举办各项祭典与庙会活动，上祷神灵，下佑众生，参与信众日多。

每逢妈祖圣诞千秋、中元普度、圣母升天纪念日等重大节庆日，开普敦朝天宫均举行祭典，按传统仪程祭拜，并备简餐，广邀侨胞信众参加及联谊。每年正月则遵从古礼，为信众安太岁、点光明灯，以消灾祈福。这个南非妈祖庙可说是南非含开普敦地区很多侨民的信仰及精神寄托中心。

"2018年妈祖绕境南非祈福巡安活动"由开普敦朝天宫经过四个多月筹备后举办，可说是非洲盛况空前的妈祖文化活动。这次活动有18位成员来自台湾，其中4位来自北港朝天宫，其他为桃园仁海宫、台中永兴宫、松山慈祐宫的友宫执事们和媒体记者,他们真正"不辞万里",经过20多个小时的飞行才抵达开普敦,行程超过一万公里。南非代表处处长王海龙、南非侨务委员阮宏仁及开普敦朝天宫董事长苏振隆等率董监事于机场入境处迎接。

这次巡安活动从2018年3月28日持续至4月3日,共七天六夜,经开普敦、莱索托、德班、约翰内斯堡等七个地区,总行程四千多公里。很多南非的华人、华侨们及当地的妈祖敬仰者热情参加,此次巡安还向德班警察厅申请了"警车护卫队"作为队伍的向导及护卫。

在妈祖出巡离开开普敦时,在开普敦的两岸同胞及当地信众们见证了妈祖的神灵显应,29日开普敦地区普降雨水,缓解了政府的限水令危机,大家颇感神奇。当妈祖出巡队伍来到德班时,可谓万人空巷、一片沸腾,当地华人商家、黑人、白人、印度人、巴基斯坦人络绎不绝前来参观或朝拜,共同体会妈祖灵光与慈祥。

出人意料的是,"黑脸妈祖"打破了语言和种族的隔阂,让黑人倍感亲切。护驾团的执事们更喜欢用"天上圣母"来介绍妈祖,一些黑人们就认定黑脸妈祖也是他们的祖先,富有舞蹈基因的黑人们还和妈祖仪仗队里的电音三太子(由人装扮的)一起跳起了舞蹈。

二 津巴布韦2010年自台湾北港分灵建庙

在津巴布韦开设制鞋工厂廿余年的蔡庆洲是台湾南投县水里乡人。津巴布韦建庙的前年,他多次梦到妈祖,梦中妈祖指示他在津巴布韦首都哈拉雷建庙,保护妈祖信众。故他依指示前往台湾云林县北港朝天宫洽询，庙方知悉后，也全力促成，并协助分灵等事宜。

2010年10月6日，北港朝天宫将分灵妈祖、千里眼将军、顺风耳将军等神尊装箱海运，恭送至非洲津巴布韦。2010年底妈祖庙兴建完工。当地华人学校温莎国民中小学也改名为妈祖中小学，以感念妈祖庇护众生。

三 毛里塔尼亚2015年也有湄洲分灵妈祖

毛里塔尼亚在非洲西部，北接阿尔及利亚，东接马利。人口462万。1912年成为法国殖民地。1960年独立。毛里塔尼亚也有分灵妈祖及一座小型妈祖庙。2015年初由湄洲分灵至福州，3月再至非洲，福建湄洲祖庙也是2022年底才知道此事，然后将其列入世界分灵妈祖统计。

宏东渔业股份有限公司的毛里塔尼亚副总经理林乃木曾亲赴湄洲妈祖祖庙恭请分灵妈祖。他说："我的家乡连江县黄岐镇赤沃村是一个渔村，村里也有一座妈祖庙。每当渔船开航，渔民们都会去妈祖庙祈求妈祖保佑平安，所以一直以来对妈祖非常信仰。2015年初，受公司董事长兰平勇先生委托前往湄洲妈祖祖庙恭请两尊分灵妈祖到福州总公司。"

宏东渔业股份有限公司董事长兰平勇说："公司毛里塔尼亚综合远洋渔业基地距离中国2万公里，为了慰藉万里之外中国渔民的思乡之情，2015年3月24日将供奉在福州公司的两尊分灵妈祖中的一尊请到毛里塔尼亚。妈祖是渔民的保护神，是渔民的精神信仰和支柱。公司在每月初一、十五及妈祖诞辰等传统节日都会组织当地妈祖景仰者朝拜妈祖。"①

四 尼日利亚2021年分灵妈祖至拉格斯

尼日利亚为非洲人口第一大国，2021年为2.13亿，且人口还在快速增长中。2021年10月22日，福建莆田湄洲妈祖祖庙林金赞董事长，为尼日利亚拉格斯中非第一村妈祖庙举行割香掬火仪式，并颁发妈祖分灵证书。中非第一村妈祖庙委托莆田市中小企业商会前往湄洲祖庙恭请分灵妈祖。

莆田市中小企业商会彭玉新会长说，与祖庙已共同筹备两年，这次分灵中非第一村妈祖庙，将进一步弘扬中华传统文化和妈祖"立德、行善、大爱"的精神，有助促进民心相通，增进两地文化交流。

2021年10月30日，湄洲分灵妈祖赴尼日利亚起驾仪式在莆田市区中华妈祖文化交流协会懿明楼举行，随后分灵妈祖在众人护驾下启程。2021年11月1日分灵妈祖抵达尼日利亚，当地团体敲腰鼓、表演舞龙欢迎，十分热闹。随后分灵妈祖安座中非第一村妈祖庙，供游客、香客朝拜。②

尼日利亚中非第一村是由在尼日利亚华商注册，结合当地特色，打造具有中国文化特色的度假村。希望这个结合妈祖文化与中华风味的非洲度假村，能成功经营，而中非第一村妈祖庙也能够香

---

① 程黎婷编辑《第49个！湄洲妈祖分灵版图新增毛里塔尼亚》湄洲妈祖祖庙（2022-10-12）。
② 吴伟锋等《湄洲分灵妈祖安座尼日利亚拉格斯中非第一村妈祖庙》湄洲日报（2021-11-09）。

火持续。

五 乌干达2022年分灵湄洲妈祖

2022年9月24日，妈祖分灵非洲乌干达福泰实业发展有限责任公司的仪式在湄洲妈祖祖庙举行。福泰实业及台湾中华优秀传统文化交流协会等一行17人，在湄洲祖庙林金赞董事长陪同下，谨遵古制，沐手拈香，敬备鲜花、鲜果、寿面，向妈祖依次行三献礼、割香掬火礼。

六 莫桑比克2022年贝拉市新建天后宫

莫桑比克共和国在非洲东南部，曾经为葡萄牙殖民地，目前以葡萄牙语为官方语言，2019年人口数为3040万。国土南接南非共和国，东望非洲第一大岛——马达加斯加。经过数年战争，1975年才获得独立。

2017年5月25日，莫桑比克共和国的贝拉市华人商会会长商家洲等一行人，从非洲到中国湄洲岛，恭请湄洲妈祖分灵莫桑比克共和国贝拉市华人商会会馆。在湄洲妈祖祖庙寝殿，信众们遵循古礼，向寝殿妈祖金身行三献礼、割香掬火礼，举行颁发分灵证书和赠授妈祖印玺等仪式。

商家洲说："位于非洲东部沿海国家莫桑比克曾经是中国古代'海上丝绸之路'的最南端，也曾是中国与西方、非洲进行海

2017年5月25日，莫桑比克共和国"贝拉市华人商会"代表到湄洲岛，恭请湄洲妈祖分灵莫桑比克共和国。（湄洲祖庙提供照片）

上贸易的重要停靠港口，贝拉港口是莫桑比克第二大港口。"[1]

经过三年半，2020年11月，在莫桑比克第二大都市贝拉，当地华人妈祖信众举行了创建贝拉妈祖庙文化园以及兴建妈祖庙的会议。2021年8月，贝拉妈祖园举行了奠基仪式并动工兴建，离不开中国大陆与新加坡华人的共同努力。经过9个月工期，2022年5月8日，妈祖庙主建筑成功封顶。

2022年11月1日，贝拉市隆重举行了天后宫的落成典礼。来自莫桑比克各省的华侨信众与贝拉当地华人华侨妈祖信众齐聚一堂，100多人参加了天后宫的开幕庆祝活动，迎接之前从中国福建省湄洲妈祖祖庙分灵而来，并且经过开光的妈祖圣像[2]。中华妈祖文化交流协会向莫桑比克妈祖文化交流协会发去贺电。

这是莫桑比克这个非洲国家第一座独立兴建的妈祖庙。贝拉是海上港口都市，贝拉妈祖庙围墙正门距海只有约五百公尺，主建筑为中华传统样式，土黄色屋檐与墙壁，红色柱子，朝向大海方

---

[1] 吴伟锋《湄洲妈祖首次分灵莫桑比克 妈祖文化在世界范围内传播》湄洲日报（2017-05-26）。
[2] 参考湄洲妈祖祖庙文章《莫桑比克妈祖庙落成典礼在贝拉举行》（2022年11月17日发表于福建，2022年11月21日《莆田侨乡时报》引用）。

向。建筑中大门上面匾额有"天后宫"三个中文字，由右向左。前有广场，整个庙区有淡黄色围墙环绕。围墙前面中间有大门，围墙外有停车场。信众们希望这座妈祖庙能保佑莫桑比克含贝拉市，以及华人和当地群众的安全，促进福祉与繁荣。

七 在非洲的传播现象与影响

华人至非洲较晚，郑和舰队曾至非洲东岸，跟随舰队的马欢所著《瀛涯胜览》应是中华对非洲最早的记录之一。

2001年南非共和国开普敦朝天宫的创建，可能是一个重大的里程碑。这座妈祖宫庙主要是由台湾岛在南非共和国的商人捐献而建，有台湾北港朝天宫的分灵妈祖，与北港朝天宫关系密切，也常回台湾参加妈祖活动。这宫庙有不少在非洲的华人前去参拜，也保佑了台海两岸、港澳、东南亚至非洲南端的远洋渔船及准备绕过非洲好望角的远洋商船。

开普敦朝天宫建成后，毛里塔尼亚、尼日利亚、乌干达、莫桑比克接连有湄洲祖庙的分灵妈祖抵达，而2022年底又有莫桑比克天后宫的揭幕。这些都说明了，妈祖文化在21世纪的海外，仍然具有相当吸引力，仍然是很多非洲华人与远洋渔船、远洋商船等，非常重要的精神寄托。

结语

一　内容：1945年后海外新妈祖庙多，海外较信神

经过亚洲、美洲、大洋洲、欧洲、非洲五大洲妈祖文化的分析考察，本著作对妈祖文化的世界传播，提出几个新的观点，与大家一起分享讨论。

本著作认为，妈祖文化虽历经千年，但其在海外各国仍在发展，而且日益丰富。日本以外，很多亚洲的工业革命，都是在1945年后才开始启动，随着工业革命的进行，大部分人的生活开始改善。随着工业革命的发展，经济条件的改善，很多人对信仰文化等更加重视。

经济改善后，就有较多金钱捐建宫庙。而海外又有不少1945年后新创建的妈祖庙，香火旺，且活动多。它们对妈祖文化的世界发展，提供了新的动力，对妈祖文化的世界传播，具有相当的影响力。

海内外历史悠久的妈祖庙持续建设巨大新殿或立新塑像，如台湾台南市正统鹿耳门圣母庙、彰化县芳苑普天宫、澎湖新妈祖巨像，可说老庙的新宫殿及新塑像规模非常庞大。它们依托悠久的历史，陈述长远的渊源，近年也吸引了世界各国的妈祖信众。而另外，海外也有不少宫庙，不依托老庙历史，明确述说自己是完全新创的妈祖庙，且规模巨大。

举例而言，澳门面积虽小，但2003年新创建完工的"澳门天后宫"规模可不小，又称"澳门妈祖文化村"，开幕后成为全香港与澳门最大的妈祖庙，附近又建妈祖巨像，这巨像还被印于澳门官方钞票。每年妈祖升天日前后三天，澳门都会举办"澳门妈祖文化旅游节"，过去数年，澳门最高行政长官经常到这澳门天后宫亲自参加祭典，或派重要代表参加。这是个明确完全新建的妈祖庙，完

全无依托历史的妈祖庙。

1945年后，世界几个国家与地区有不少完全新创立的妈祖庙，很多香火旺盛，庙会活动也多，持续繁荣中。这与中国大陆不太相同，在中国大陆，近年妈祖宫庙的兴建主要是旧庙扩充，或以"复建"的名义。台港澳及海外完全新创的妈祖宫庙，不少影响力也颇大，澳门天后宫是个例子，其他还很多。1945年后全球新创建妈祖庙，台湾有太多，已经不胜枚举，很多建筑壮观。以下另举例几个较具意义的新创妈祖宫庙一起说明之。由较近几年回溯过去排序：

2013年创建东京妈祖庙、2006年创建泰国南瑶妈祖宫、2006年创建横滨妈祖庙、2003年创建澳门天后宫、2001年创建开普敦朝天宫、2001年创建台湾桃园慈母宫、1992年创建台湾云林县虎尾持法妈祖宫、1991创建悉尼天后宫、1990创建洛杉矶天后宫、1987年创建墨尔本天后宫、1986年创建旧金山朝圣宫、1984年台湾嘉义市创建奉天宫（文化路妈祖庙）、1977年创建菲律宾隆天宫、1967年创建台湾嘉义市嘉义天后宫、1945年马来西亚创建马六甲兴安会馆天后宫。这15座妈祖庙是1945年后新创建的妈祖庙，也无托辞附和较古老的妈祖庙，目前活动与香火却都颇有规模。

嘉义市奉天宫虽然历史不久，1992年还分灵妈祖至南美洲国家玻利维亚的祐海宫（其脸书有介绍，祐海宫建筑规模也不小）。嘉义市嘉义天后宫，还带头率团至湄洲岛朝圣。云林持法妈祖宫历史虽然较短，但也分灵至柬埔寨。2022年非洲东南部的莫桑比克新创天后宫，望海建筑也相当有妈祖庙的文化感觉，因刚刚创立，还不知其未来活动与香火是否能持续兴旺，可能要再观察几年，才能下定论。

这些都是近年妈祖文化传播的重大具体结果，可以看到并触摸到的，这也是妈祖文化传播的重要内容。另外每年台湾大甲镇宫绕境参与人数庞大，并有颇多来自世界各地的信众，这反映出妈祖文化海内外传播的持续兴旺。湄洲妈祖下南洋，在新加坡与马来西亚、菲律宾、泰国等地非常轰动，到场参加活动的华裔很多，也说明21世纪海外妈祖文化的持续兴隆。

海外1945年后新创中华传统众神宫庙多，也说明了1945年后很多海外华人虔诚信神，所以捐款建庙者亦多。但也不是说马来西亚等地的华人皆是妈祖等中华传统众神的敬仰者，海外华人也有基督徒与无神论者，只是占比较低。如孙中山小时候到夏威夷读小学与初级中学，就成了基督徒。

2022年某项国际调查显示，中国大陆的无神论者最多，约占60%，其他国家无神论者最多才29%。当然国内各地的情况也不太相同，福建省应是较为信神的省份，莆田地级市更是对传统信仰文化相当热心。

而各地海外华人的情况亦有所不同，但一般都很热心或不排斥中华传统众神信仰，无神论者在10%以下。从这方面来看，海外华人与中国大陆民众有很大不同。很多海外华人都希望通过努力，让中国大陆大多数人恢复中华传统众神信仰。

二 特征：至2023年湄洲祖庙妈祖分灵49国规模盛

截至2023年，福建湄洲妈祖已直接或间接分灵49国。因为台湾北港朝天宫也明确描述庙中妈祖分灵自莆田湄洲妈祖，所以北港朝天宫的妈祖分灵可列为湄洲妈祖的间接分灵。本著作认为这是妈祖文化海外传播的一个很重大成果。这是非常具体可见的，随着"谒祖进香"等活动的联系，它的影响仍继续扩大。朱子文化、闽南文化、客家文化、福州文化的海外传播，则并无类似规模。

"分灵"又称"分香"，是指新建中华宫庙或自宅供奉神明，先到某大庙求取神明灵力，经特殊仪式之后，新神像被视为此大庙神明的分身。而分出去的神明，回原庙或称祖庙"刈火"称为"谒祖进香"，能增添神明法力。

这是中华传统众神信仰的一种特殊文化事项，并不是妈祖文化独有，例如，北极玄天上帝、关帝庙、保生大帝等也有分灵。也就是说，其他中华传统众神信仰文化也有这个习俗，但以妈祖文化最为壮阔普及，且分灵世界最多国家，成为妈祖文化海外传播的一个重要特色。

由湄洲祖庙、莆田学院、中国社科院历史研究所等合办的"国际妈祖文化学术研讨会"，自第五届起就将全部论文题目翻译为英文，第五至八届都是由我个人负责这项工作。妈祖分灵，个人把它翻译为"Mazu Reincarnation"。因为指的是妈祖神力的分身，分灵后并无损原庙的显赫神威。也有个说法，正因为妈祖有很多分灵即分身，才能开枝散叶，广为庇佑海内外各地的人民。

妈祖信俗起源于湄洲岛，全球有很多妈祖宫庙明确宣告分灵自湄洲祖庙，包括中国台湾云林县的北港朝天宫、嘉义县新港奉天宫、台中市大甲镇澜宫等。从贤良港天后祖祠或泉州天后宫等分灵出去的也有，但数量较少。从20世纪70年代开始，台湾北港妈祖等开始逐步分灵多国。90年代后，湄洲祖庙也逐渐开始大规模分灵世界各国，并且近年更多。这两个妈祖宫庙的妈祖分灵最多国家，目前持续进行中。湄洲妈祖祖庙的国际分灵有其重大意义，以2018年为例说明之：

3月23日，湄洲妈祖祖庙举行妈祖、千里眼、顺风耳和侍女等神尊分灵至菲律宾马尼拉慈航禅寺的仪式。

4月20日，印尼华侨陈荣儒、陈新强率团赴湄洲妈祖祖庙，恭请湄洲妈祖分灵印尼东爪哇印尼妈祖分会锦兴宫、三保公庙。

4月23日，湄洲妈祖分灵大洋洲瓦努阿图共和国福建同乡会。

10月7日，湄洲祖庙的分灵妈祖抵达澳大利亚悉尼，安座于悉尼天后宫。

10月31日，湄洲妈祖分灵南美洲国家智利伊基克，仪式在湄洲祖庙寝殿举行。

11月1日，湄洲妈祖分灵"越南妈祖文化董事会"仪式在祖庙天后宫内举行。

而2019年趋势继续，例如：2019年3月10日，泰国泉州晋江联合总会会长蔡上新率理事成员17人，专程到湄洲妈祖祖庙朝圣，恭请分灵回泰国供奉。分灵妈祖11日晚抵曼谷，安座于泰国泉州晋江联合总会，受到热烈欢迎。2020年至2022年，相关活动则因新冠疫情而受到影响。

根据福建湄洲祖庙与台湾北港朝天宫的分灵统计，至2022年3月，妈祖已分灵（含再分灵）47个国家和地区，遍布五大洲。到2022年底又新发现了两国，即非洲的乌干达及毛里塔尼亚，故总共至少49国。这个49国统计含所在地中国，湄洲妈祖也分灵中华数省。

其中亚洲有19个国家和地区，美洲及欧洲各有8个国家，大洋洲和非洲各有6个国家。台湾北港朝天宫的北港妈祖也分灵很多国家，也可算是湄洲祖庙的再分灵。根据北港朝天宫的资料，截至2022年北港妈祖已分灵18个国家，在全球的妈祖文化里也具有相当影响力。

这个统计资料严格来说也不是绝对的，因为不少妈祖庙也默默进行妈祖分灵工作，如台湾彰化南瑶宫也分灵泰国南瑶宫，而彰化南瑶宫有明确记载分灵自湄洲妈祖，也数次至湄洲祖庙"谒祖进香"。所以有些间接分灵未统计到仍是可能的。目前已知妈祖分灵完整资料可见本书附录二。

福建莆田湄洲岛妈祖祖庙的分灵工作,可说是世界妈祖文化传播的重要一页。台湾有众多的妈祖庙,其中不少妈祖是湄洲祖庙的分灵,如北港朝天宫、大甲镇澜宫、鹿港天后宫等,以上三个宫庙又分灵妈祖到不同国家和地区。另外莆田贤良港天后祖祠、莆田文峰天后宫、泉州天后宫,也有分灵妈祖至各地的妈祖宫庙,包含海外各国,故对妈祖文化的传播也都有相当的贡献。

印尼邦戛天后宫[1]的妈祖,则是分灵自澳门妈祖阁[2]。台湾各地妈祖从湄洲分香者称为"湄洲妈",从同安(原同安县,今日属厦门地级市同安区)分香者称为"银同妈",从泉州天后宫分香者称为"温陵妈"。

三 路径:台湾北港朝天宫等传播妈祖文化贡献大

妈祖文化海外传播的路径是多样的,除湄洲祖庙外,台湾北港朝天宫等宫庙也有相当贡献。这个传播路径也是本著作重视的。福建省莆田市湄洲妈祖祖庙的国际分灵众多,扩大了妈祖文化圈,且提升了中华文化的世界影响力。而20世纪末与21世纪台湾北港朝天宫的世界分灵,对妈祖文化的当代传播也有相当的影响,到

---

[1] 邦戛天后宫(印尼语:Vihara Dewi Samudra Pemangkat),当地人称圣母娘庙(客家语:Shin-mu-nyiong-miau),是印尼加里曼丹省三发县邦戛镇的妈祖庙,坐落于象山坡上,附近有邦戛坡中央大伯公庙,主祀天后圣母妈祖。传说该庙由来自广东的潮州人所建。
[2] 《华侨华人百科全书·社区民俗卷》中国华侨出版社,2000年3月,29页。

2019年已分灵约18国。

台湾分灵至世界各国的妈祖，以北港朝天宫数量最多。而台湾岛内的妈祖分灵，应该也是北港朝天宫较多。另外，鹿港天后宫、新港奉天宫、彰化南瑶宫等的外国分灵妈祖也有一些，但比不过北港朝天宫的分灵规模。

云林县北港镇朝天宫是台湾非常重要的妈祖庙，多数认为北港朝天宫与新港奉天宫，并列为台湾岛（不含澎湖）最早的妈祖庙。因为开台先贤颜思齐、郑芝龙在北港附近登陆筑寨。当时为帆船时代，海上航行常有"波涛之险"，明朝时出海航行者，多祈求妈祖保佑，明朝初年总兵郑和1431年的《天妃灵应之记》碑可为证明。

北港朝天宫历史悠久，与新港奉天宫应可并列台湾本岛最古老妈祖庙。（萧弘德拍摄）

结语

　　《台湾通史》记载，明朝天启四年（1624年），福建泉州人颜思齐、郑芝龙等，因在日本犯案，故从日本至台湾，登陆于笨港。因由澎湖向东，最近台湾之处即笨港附近。笨港是北港旧名，当时指的是河港，溯北港溪进内陆，同台南市月津港，今日离海岸线不近，但在1900年以前，曾是个繁荣的河港。传说跟随颜思齐北港筑寨的开台先人，带有妈祖像祈求渡海平安，这是很有可能的。

　　很多大庙的起源是榕树旁长宽高约1.5米的小祠，里面放神牌或小神像，在马来西亚及台湾乡下仍可看到；或者是起源于小庙。公元1694年（康熙三十三年），北港兴建颇具规模的妈祖庙，佛教临济宗第三十四代僧树璧禅师至莆田恭请湄洲祖庙"朝天阁"①妈祖神像入居笨港。所以北港朝天宫有湄洲妈祖分灵妈祖是明确的。

　　清朝中叶，嘉庆年间，因发生水灾，部分文物东迁，另建新港奉天宫，其实两地直线距离仅约五公里。经过八十年，北港当地人在旧地建庙，复名朝天宫，其后香火又很兴旺。这对妈祖文化传播十分有益，两宫于妈祖文化皆有大贡献。但也形成一个小争论，北港朝天宫与新港奉天宫，两宫相争"台湾岛最早妈祖庙"之称号。

　　台湾很多妈祖庙由北港朝天宫或新港奉天宫分灵出去。如台中市大甲镇澜宫、桃园市中坜仁海宫。北港朝天宫在日据时期经营很好，周遭住民也很热情于妈祖文化，故持续兴旺，1945年光复后，更加兴盛。因其信众很多，有些信众移居国外的同时也带去了北港的妈祖文化。

---

① 明永乐初（1403年）郑和奉旨遣官建造朝天阁。清康熙二十二年（1683年）闽浙总督姚启圣获妈祖保佑建功而扩建祖庙时重修朝天阁并改为正殿。

北港朝天宫董事长蔡咏锝说，或许是因为朝天宫早期就设有圣父母殿（即奉祀妈祖的父母亲），或许是因为香火鼎盛、备受推崇，信徒希望把此间的香火带回去。如今，从朝天宫分灵或分香供奉的妈祖庙遍布全台，更伴随台湾信徒的脚步，落脚于东南亚、日本、韩国、法国、澳大利亚乃至大陆诸多城市[①]。

北港朝天宫分灵至台湾岛外范围相当广，除中国大陆、香港外，美国、日本也有分灵自北港妈祖的重要宫庙。如美国旧金山朝圣宫、南非开普敦朝天宫、日本东京妈祖庙、津巴布韦哈拉雷朝天宫、马来西亚吉打慈后妈祖阁。

2019年8月，笔者到北港朝天宫访问文化组纪仁智组长，他强调说，在清朝光绪年间，这个台湾中部的农业小镇就有联系金门、厦门、安平（台南）的商船航线。公元1894年从福建到云林任儒学训导的倪赞元在其著作《云林县采访册》中这样描述："（北港）百物骈集，六时成市，贸易之盛，为云邑冠，俗人呼为小台湾。"此外，他还拿出日据时期印的北港朝天宫明信片，说明日据时代北港朝天宫在全台妈祖文化的重要地位。

感谢北港朝天宫文化组提供北港朝天宫分灵中国大陆、香港及外国的资料。其中马来西亚的北港妈祖分灵最多，达七个宫庙，马来西亚约有六百万华人，这似乎并不意外。日本居次，有五个分灵宫庙，这可能出乎很多人的意料。美国则有四个，居第三，因为台湾民众移民美国颇多。整体来说亚洲占近半数。

而北港妈祖分灵后大多仍经常联系。例如，香港冠东集团从北港朝天宫分灵妈祖奉祀，几乎每年都来台湾祭祖，至今30多年。2018年3月22日，香港冠东集团也再次莅临北港朝天宫谒祖进

[①] 刘舒凌、欧阳开宇（中新社记者）《台湾写真：小镇北港，这里有妈祖300年不坠的香火》中国新闻网（2019-08-02）。

香。另外，美国旧金山朝圣宫、南非开普敦朝天宫分灵后也都始终保持联系且数次回台湾"谒祖进香"。北港妈祖分灵至大陆与世界各国，显示台湾妈祖文化的持续兴盛。或许可说，中华文化正复兴当中，除了物质层面的"一带一路"，文化层面的"一带一路"也很重要。北港朝天宫分灵各国也可说是发扬中华文化的实践。北港朝天宫的分灵资料可见本书附录三。

四　事件：妈祖文化海外传播的历史地理分期

本著作认为依据妈祖文化发展的重要事件，并考虑历史地理情况，妈祖文化的海外传播可以分为几个重要阶段。这个妈祖文化世界传播的地理分析及其角度，是一个较创新的理论，期待抛砖引玉，与各先进讨论。这个分类，或许和很多专家原先的想法不一样。妈祖文化在世界各国的流传，与海外华人的移民发展息息相关，可能很多人都有此看法，仔细分析，也与周边国家及当时世界大势的变化有关。本节将妈祖文化海外传播（不含台、港、澳）的历史地理分期，整理为如下数波：

启始：妈祖960年诞生，987年升天。1123年（宣和五年）中国北宋时期，首都在开封，在今日河北省的燕云十六州及东北南部属于辽朝，宋朝与高丽国无陆路接壤，路经辽朝较可能被干涉，所以使节来往经由海路。

宋朝派出"给事中"路允迪出使高丽，遇船难而幸免，船员述说是湄洲女神相助，其后宋朝徽宗皇帝诏赐顺济庙额（1124年），与妈祖升天相距137年。这可以说是妈祖文化启始的重要里程碑，一开始获得国家承认就与航海外国有关。而之后的海外传播扩张，也与中国的海外发展息息相关。

第一波：明朝初年永乐皇帝时代，传马来西亚马六甲、琉球

本著作提出，第一波妈祖文化的重要海外传播，是在明朝永乐皇帝时期，郑和下西洋时代。也有文献提到，传播始于较早几年，明太祖洪武年间，闽人三十六姓移琉球，虽近代考证闽人三十六姓非一次性迁居。但本著作以1424年琉球王国"下天妃庙"为正式传播的重要代表。洪武年间，闽人移居琉球者是否皆为妈祖信众实难以确定，加之福州当地信仰也不太一样，而琉球"下天妃庙"则证据明确。

从1124年到1405年郑和第一次下西洋，中间经过281年，妈祖文化在中国东南沿海已经有很多敬拜者。大约在1405年妈祖文化开始较有规模地向外国传播。代表地方是：马来西亚马六甲、在今天日本的琉球王国。马六甲为郑和航海重要补给站，也有传说，不少船员留在当地，带去中华文化（含妈祖文化）。重要流传代表文物有二，即1424年琉球王国下天妃庙，以及福建省长乐县发现的1431年《天妃灵应之记》碑。

第二波：明朝中末期，受世界大航海时代影响，传日本长崎、越南会安

明朝中末期，随着局势变动，世界进入大航海时代。1492年意大利热那亚人哥伦布，在西班牙女王赞助舰队下，发现美洲新大陆，1519年至1522年葡萄牙人麦哲伦率领西班牙船队绕航地球一圈，其后麦哲伦死于在菲律宾的冲突。1565年宿雾岛被西班牙占领，1571年西班牙入侵吕宋岛，建马尼拉城。因航海技术传播与改进，中国东南沿海一些华人出海经营渔业或国际贸易的规模变大了，也带去了妈祖文化。因为当时离岸较远的航海，有风涛之险，并不安全，船员多祈求妈祖保护。

代表地方是日本长崎市与越南会安市。当时日本善于冶铁做

刀，越南产米，中国特产瓷器丝布出口很有利润。代表建筑是日本长崎1628年创立的福济寺及此时期其他与海外华人有关的佛寺。代表人物有在日本的颜思齐、郑芝龙及在越南会安的一些明朝商人。本文认为这与后一波明朝灭亡，明朝遗民之逃难是不同的，但经常被混淆。当时到日本长崎或越南会安经商的人，并无法预测后来1644年明朝会突然灭亡于流寇与满人清朝。明末时人航海到外国，主要是为经商，为更好的生活，或者是因犯罪逃跑至国外，颜思齐、郑芝龙早期到日本应是这个原因。

第三波：满清入关，明朝灭亡，随明朝遗民传日本、越南

这一波妈祖文化外传，其重要事件是1644年满清入关。这对东南沿海居民来说，应该是很突然的。紧接着南明诸帝抗战，江苏南京、浙江、福建福州、广东等地势力，及台湾明郑长期抗清，直至三藩之乱的平定结束。这过程产生了很多向海外逃亡的政治难民。他们对抗清朝，或不喜清朝，效忠明朝，可称明朝遗民。他们有些向台湾岛移民，有些向日本及越南中南部流亡，这些移民也带去了妈祖文化。

菲律宾近台湾，越南北部接中国版图，并不太欢迎大量华人移民，以免有领土纠纷。传说郑成功曾想发兵进攻西班牙统治下的菲律宾。韩国在满清入关前就臣服满清，故不宜作为逃亡地点。明朝遗民又希望接近祖国，所以日本及越南中南部成主要流亡地。代表人物有1690年在日本茨城祭天妃的心越禅师，及越南的"明乡人"。

第四波：清朝中末期，机械海船时代，妈祖文化随移民传新、马、泰、印尼

清朝中末期，东南亚发生变化。重要事件是：1819年，英国占领新加坡。1824年英荷条约签订，确立英国在马六甲霸权。1826年，英国把槟城、马六甲、新加坡、纳闽组成海峡殖民地。

1939年英国发明蒸汽机推动的螺旋桨船，世界海船进入机械动力时代，海船变大，且变得较为快速与安全。1842年，中英南京条约签订，割让香港，开放五口通商。五口通商与割让香港不同，五口通商也打开世界贸易与移民之路。

当时英国统治下的新、马与荷兰统治下的印尼，皆有数量庞大的马来族群，所以英国欢迎华人移民马来西亚、新加坡，荷兰欢迎华人移民印尼，以分而治之。而泰国西面与南面有英国势力，东面有法国势力，故也欢迎华人移民。

大致上，1880年至2020年世界上海外华人最多的四个国家为印尼（2023年约800万人）、马来西亚（2023年约786万人）、泰国（2023年约500万人）、新加坡（2023年约280万人）。2020年美国则超过新加坡，成为第四大海外华人国。另外，菲律宾、缅甸也有一些华人移民。这波移民数量很大，主要是广东人与福建人。他们带去本土方言，也带去中华传统信仰含妈祖信仰文化。

第五波：1912年至1980年，妈祖文化传东南亚与美、加、澳、新

1912年民国建立。民国时代，除了1937年至1945年这八年，因第二次世界大战封锁了海上交通外，其他时间，中国东南省份不少人持续外移，也外带妈祖文化。日本占朝鲜半岛与台湾后，因侵略政策导致关系紧张，故没有移民流向日本及其属地，倒是有日韩人移向中国东北。

此时华人主要移向东南亚，并新增重要移民目的地：美国、加拿大、澳大利亚、新西兰。有些是东南亚的华裔再往美国、加拿大、澳大利亚、新西兰等移民。当然也带去妈祖文化。

第六波：1978年越南驱逐华裔，妈祖文化随难民传播

1975年越战结束，南方政权垮台，接着是老挝动荡、柬埔寨内战，不少越、柬华裔只能逃难。1978 年，中越关系交恶，并发生战争。越南政府把华裔当报复对象。同年越南政府将华裔企业国有化，逼迫华人商家关门，又放逐南方的华裔，任其漂流海上，也驱赶北方华人回中国。这些海上难民最后由美国、加拿大、澳大利亚等国家收留。他们经历海上漂泊，特别感谢妈祖保佑。澳大利亚悉尼天后宫、墨尔本天后宫，美国洛杉矶天后宫，德国法兰克福天后宫的建立，皆与越南、柬埔寨、老挝华裔难民有关。

第七波：1980 年后，中华新移民与台商海外建庙

1970 年代就有台湾妈祖随移民出去，传播妈祖信仰于数个国家，1980 年代后趋势更盛。另有移居海外台人及在外设厂台商也建妈祖庙，保佑生产与平安，如美国旧金山朝圣宫、南非开普敦朝天宫、东京天后宫、横滨天后宫、曼谷南瑶宫等。1990 年后，大陆到世界各地的移民逐渐增加，其中相当一部分也传播了妈祖文化，尤其是福建省的移民，其中莆田地级市的移民又更甚。

五　影响：妈祖文化海外传播各国不同

21 世纪，妈祖文化仍在全球各地蓬勃发展，其影响也还在扩大及变化。这是中国文化精彩的一部分，也是很多海外华人的心灵寄托。从妈祖文化海外传播中，可以看到妈祖文化在中华文化中，具有相当的地位与分量。本文归纳妈祖文化海外传播的几个主要特点与影响，期待抛砖引玉与大家一同继续深入探讨。

1. 大中华以外，马来西亚妈祖文化最为热络

21 世纪大中华以外的世界各国中，马来西亚的妈祖文化应该

最为兴盛。马来西亚各种妈祖相关活动可能不比福建省少，或大致相当，福建省的妈祖文化主要集中于莆田、泉州、漳州、厦门。马来西亚首都吉隆坡与马六甲、槟城也都有妈祖宫庙。马来西亚的妈祖文化可能比福建省以外中国大陆任何一省都兴盛。在全世界中仅次于台湾地区。马来西亚与中国台湾是世界无神论者占比最低的地区之二。马来西亚1945年后新创建妈祖庙中，不少也有巨大影响力，如马六甲兴安会馆天后宫等，而雪隆天后宫更是建筑壮观、香火鼎盛。

2. 妈祖文化在海外也会吸引当地非华裔民众参与

由台湾北港朝天宫在日本、美国、南非的分灵，及南瑶妈祖宫在泰国的分灵观察，可以发现海外妈祖文化，不止存在于华裔，且也有非华裔参与。将来非华裔妈祖的信仰，可以是妈祖文化海外发展的研究重点之一。美国朝圣宫常在旧金山"中、韩、越新年游行"活动中获奖，各海外妈祖庙也常有非华裔参观，说明妈祖文化也颇具国际吸引力。

3. 越南非华裔妈祖信众最多

越南可说拥有最多的非华裔妈祖信众，也就是说越南的妈祖信众，不限于华人华侨，这个信俗已融入相当多的当地民众，成为当地的信仰。除妈祖外，越南也有传统的关帝信仰，都已是越南文化的一部分。本著作定义建于1900年前的妈祖庙为妈祖古庙，则越南又有中国以外最多的妈祖古庙，也有研究日本妈祖信仰的学者认为日本最多。

经过研究比较，越南应该比日本略多，有些还在整建恢复中。但日本的妈祖庙较具规模，维修较好。至于妈祖文化的香火与活动，则越南与日本皆比不过马来西亚；1900年后，马来西亚新建的妈祖宫庙及旧妈祖宫庙建的新殿皆比越南、日本多。

4. 妈祖文化促进中国与马来西亚、越南、日本文化交流

妈祖文化在马来西亚、越南、日本可说继续茁壮成长，横滨与东京两座新建的妈祖庙是重要成果。马来西亚妈祖庙与中国大陆及台湾的互动，如谒祖进香等活动，持续加强也是例子。而湄洲妈祖与台湾妈祖分灵日本、马来西亚、越南，也促进了妈祖文化传播与繁荣。如同唐朝鉴真和尚东渡日本，弘扬中华佛法，有助中华文化之发扬与中日关系之缓和；也如同台湾佛光山兴建分庙于多国，传播了中华佛教。

5. 妈祖文化促进华人海外企业的发展

富士康工厂分布多国，曾经是世界员工最多的制造业企业，全球员工最多时，曾达一百二十万。近年引进机器人与人工智能生产，员工数目略减少。富士康及大航海公司长荣海运老板，是妈祖信众的重要代表之二，它们的工厂与船只分布世界，也间接促进妈祖文化的传播。世界各地有不少台湾工厂有"厂妈"坐镇，"厂妈"就是工厂里的妈祖，可促进员工的心灵安定及工作氛围的和谐。另一方面，妈祖文化也让一些海外华人的海外企业，更具有"中华味"。

6. 妈祖文化促进世界民心之相通

20世纪中期开始，台湾岛很多妈祖信众就很支持妈祖文化的世界传播。21世纪后中国大陆民间也有很多信众支持妈祖文化在海外的传播。妈祖的多国分灵，促进了世界各国与中国"民心相通"，促进世界与中国和谐关系的建立，故可说妈祖文化的世界传播有助于化解"文明冲突"。妈祖文化已成为促进世界各个国家和

地区之间"民心相通、文明对话"的特殊而重要之载体。

7. 湄洲祖庙与台湾北港朝天宫等有功于妈祖文化世界传播

湄洲妈祖祖庙持续支持妈祖的世界分灵,主要是应各国信众的要求,显然湄洲妈祖在21世纪有相当影响力,当地信众才会要求恭请其妈祖分灵。如同天主教的罗马,伊斯兰教的麦加。北港妈祖庙新建分庙于美国旧金山、南非开普敦,并分灵东京,说明妈祖文化可以自然地继续扩大,并可发展于中国以外。

北港朝天宫是纯粹的民间组织,并没有政府的大力支援。主要经费来自各地信众的大量捐献,少部分经费来自香火及文创产业。台湾北港朝天宫的多国分支,对妈祖文化走向国际确实有相当的贡献。妈祖的"多国分灵"其实是中华文化特殊而成功的发扬,让世界更多的人体会了妈祖文化。

六 各国妈祖为民间信仰或宗教?尊重不同看法

"民俗文化"英文为 folk culture,指流传于民众的非官方非正式的风俗文化。而"民间信仰"一词常用于指地方的信仰文化,如福建的传统众神文化。民间信仰,英文为 folk belief,指的是那些广泛存在于民间的、自发的情感寄托与崇拜,亦包含伴随着精神信仰而发生的行为和活动。英文 folk 指的是普通百姓的,流传民间的,非国家(中央政府)的。

"宗教"英文为 religion。中文"宗教"这名词宋朝时就有,宋朝当时主要是指佛教内部不同宗派及其教法。儒教、道教也用,也是指其内部不同宗派。到19世纪后期,日本的翻译传入中国,英语中的 religion 被日本译为"宗教"，泛指人类社会中存在的各种信仰现象。

妈祖文化在不同地区，不同时期，有不同的定义。从 1124 年宋徽宗赐"顺济"庙额至 1911 年清朝结束，妈祖文化可说是国家承认的重要宗教信仰，所以有数次朝廷的敕封，如清朝光绪皇帝手书"波靖南溟"御赐给新加坡的天福宫。

在 1945 年至 2023 年的中国台湾与 1911 年至 2023 年的中国澳门，妈祖可说是当地重要的宗教。当地领导人数次公开参加妈祖活动即是证明。如台湾地区领导人每年参加台中大甲镇澜宫绕境活动，澳门特区行政长官常参加每年农历九月的澳门妈祖文化节活动。虽然香港当地也有一些学者的论文，用民间信仰来探究妈祖文化，但本文认为妈祖文化也是属于当地的宗教信仰。香港的天后宫香火旺盛，参观民众数目也不下于香港的基督教堂。

本著作尝试分析各国的妈祖文化的属性，笔者研究后认为：对于新加坡来说，妈祖文化是宗教，是道教信仰或中华传统众神信仰的一部分，是国家重要信仰的一部分，新加坡部长也参加新加坡兴安会馆天后宫活动是个证明。

对于马来西亚来说，多数国民是马来人，是伊斯兰教徒，执政党一直是马来族主导，有明显的伊斯兰教徒倾向。华裔加印度裔，大约只占人口三成。但马来西亚尊重不同信仰与族群，故本著作认为妈祖文化在马来西亚是宗教，这部分可能较有争议。很多马来西亚的马来人及华人看法也不相同。马来西亚妈祖文化活动热络，各地兴安会馆天后宫十分热闹，雪隆（海南会馆）天后宫的活动，常有马来西亚政府官员参加，这都可证明这个观点。

本文认为对于日本、泰国、菲律宾、韩国来说，妈祖是发源于外国的民间信仰。虽然其信众以华人华侨为主，但仍有少数本国国民祭拜，如日本青森县祈求渔业丰收的妈祖游行。泰国、菲律宾信众虽然是以华裔为主，规模小，但妈祖文化活动丰富，且在当地日渐成为一个城市的观光文化特色，有些近似其国内的中国城。

对中南美洲、非洲的国家及越南来说，妈祖文化只是民间信仰。越南有不少非华裔妈祖信众，几座妈祖庙维修或重建得很好，香火也不错，但目前越南执政党的政策并不鼓励中华信仰文化，或者说是有一些限制。

对于印尼、文莱、西亚等以伊斯兰教为主流的国家，虽然说国家宪法写明宗教信仰自由，但其认为伊斯兰教、基督教、犹太教等一神信仰才是宗教。妈祖文化只是其国家少数族群的文化现象，在当地属于民间信仰。

美国、加拿大、澳大利亚等国家经济富裕，社会开放包容，目前皆强调宗教信仰自由，政府不干涉宗教事务，且华人移民正在快速增加。故美国洛杉矶天后宫、美国西来寺（台湾佛光山分庙）、澳大利亚南天寺（台湾佛光山分庙）、墨尔本天后宫等宫庙建筑都相当壮观华美。妈祖文化在美国、加拿大、澳大利亚可说是一种宗教，只是规模较小，主要存在于其国家的少数民族。

美国、加拿大、澳大利亚因为宗教信仰自由，所以更能吸引世界优秀人才的移入。有人还以为美国、加拿大、澳大利亚的华人会受到歧视，其实可以说那是1975年前的事，现在美国、加拿大、澳大利亚的华人数量大，在当地很有地位。有可能未来美国会发展成为一个妈祖文化相当重要的地方。

纵观全球妈祖文化，本著作提出一个新的观念：妈祖文化的内涵属于民间信仰或民俗文化，还是属于宗教，是随着时代、地区的不同而有所不同。妈祖文化属于民间信仰还是属于宗教，对于大部分妈祖信众来说并不重要。

另外需要强调的是——尊重不同的信俗文化。中国大陆沿海、台湾、香港妈祖信众很多，但也有不少基督徒。在马来西亚、新加坡、日本、美国、澳大利亚的海外华裔也有不少基督徒。对虔诚的基督徒、伊斯兰教徒、犹太教徒来说，妈祖文化当然只是一种民俗文化或民间信仰。

对无神论者来说，妈祖文化当然只是一种文化。而对热心的妈祖信众来说，这是一个很重要的心灵寄托。

无论如何，尊重不同的看法，尊重不同的社会价值，是21世纪进步社会的应有之义，不必求其一致。尊重不同的信俗，更能吸引世界的人才，使社会更多彩多姿，文化更丰富多元。观察过世界各国的妈祖文化，本文最后认为在21世纪20年代，妈祖信仰文化的影响力已略大于美国摩门教，而且这个文化可能在世界各地，还会继续繁荣相当长的一段时间。

附 录

附录一　1431年福建长乐郑和《天妃灵应之记》碑

皇明混一海宇，超三代而轶汉唐，际天极地，罔不臣妾。其西域之西，迤北之国，固远矣，而程途可计，若海外诸番，实为遐壤，皆捧琛执贽，重译来朝。皇上嘉其忠诚，命和等统帅官校旗军数万人，乘巨舶百余艘，赍币往赉之，所以宣德化而柔远人也。自永乐三年奉使西洋，迨今七次，所历番国：由占城国、爪哇国、三佛齐国、暹罗国直踰南天竺锡兰山国、古里国、柯枝国，抵于西域忽鲁谟斯国、阿丹国、木骨都束国，大小凡三十余国，涉沧溟十万余里。

观夫海洋洪涛接天，巨浪如山，视诸夷域，回隔于烟雾缥缈之间。而我之云帆高张，昼夜星驰，涉彼狂澜，若履通衢者，诚荷朝廷威福之致，尤赖天妃之神护佑之德也。神之灵固尝著于昔时，而盛显于当代。溟渤之间，或遇风涛，既有神灯烛于帆樯，灵光一临，则变险为夷，虽在颠连亦保无虞。及临外邦，番王之不恭者生擒之，蛮寇之侵略者勦灭之。由于海道清宁，番人仰赖者，皆神之赐之。

神之感应未易殚举。昔尝奏请于朝，纪德太常，建宫于南京龙江之上，永传祀典，钦蒙御制记文以彰灵贶，褒美至矣。然神之灵无往不在。若长乐南山之行宫，余由舟师屡驻于斯，伺风开洋。乃于永乐十年奏建以为官军祈报之所，既严且整。右有南山塔寺，历岁久深，荒凉颓圮，每就修葺，数载之间，殿堂神室，弘胜旧规。

今年春仍往诸番，蚁舟兹港，复修佛宇神宫，益加华美。而又发心施财，鼎建三清宝殿一所于宫之左，彤妆圣像，粲然一新，钟鼓供仪，靡不俱备。佥谓如是，庶足以尽恭事天地神明之心。众愿如斯，咸乐趋事，殿庑宏丽，不日成之，画栋连云，如翚如翼。

且有青松翠竹，掩映左右，神安人悦，诚胜境也。斯土斯民，岂不咸臻福利哉！人能竭忠以事君，则事无不立，尽诚以事神，则祷无不应。和等上荷圣君宠命之隆，下致远夷敬信之厚，统舟师之众，掌钱帛之多，夙夜拳拳，唯恐弗逮，敢不竭忠于国事，尽诚于神明乎！师旅之安宁，往回之康济者，乌可不知所自乎？是用著神之德于石，并记诸番往回之岁月，以贻永久焉。

——永乐三年统领舟师至古里等国。时海寇陈祖义聚众三佛齐国，劫掠番商，亦来犯我舟师，即有神兵阴助，一鼓而殄灭之。至五年回。

——永乐五年，统领舟师，往爪哇、古里、柯枝、暹罗等国，番王各以珍宝、珍禽异兽贡献。至七年回还。

——永乐七年，统领舟师，往前各国，道经锡兰山国，其王亚烈苦奈儿负固不恭，谋害舟师，赖神显应知觉，遂生擒其王，至九年归献。寻蒙恩宥，俾归本国。

——永乐十一年，统领舟师往忽鲁谟斯等国。其苏门答剌国有伪王苏斡剌寇侵本国，其王宰奴里阿比丁遣使赴阙陈诉，就率官兵剿捕。赖神默助，生擒伪王，至十三年回献。是年满剌加国王亲率妻子朝贡。

——永乐十五年，统领舟师往西域。其忽鲁谟斯国进狮子、金钱豹、大西马；阿丹国进麒麟，番名祖剌法，并长角马哈兽；木骨都束国进花福鹿并狮子；卜剌哇进千里骆驼并驼鸡；爪哇、古里国进縻里羔兽。若乃藏山隐海之灵物，沉沙栖陆之伟宝，莫不争先呈献，或遣王男，或遣王叔王弟，赍捧金叶表文朝贡。

——永乐十九年统领舟师，遣忽鲁谟斯等国使臣久待京师者悉还本国。其各国王益修职贡，视前有加。

——宣德六年，仍统舟师往诸番国，开读赏赐，驻舶兹港，等候朔风开洋。思昔数次皆仗神明助祐之功，如是勒记于石。

宣德六年岁次辛亥仲冬吉日，正使太监郑和、王景弘，副使太监李兴、朱良、周满、洪保、杨真、张达、吴忠，都指挥朱真、王衡等立。正一住持杨一初稽首请立石。

附录二　湄洲妈祖的世界分灵（至 2023 年止）

亚洲（16个）：中国、朝鲜、韩国、日本、菲律宾、越南、柬埔寨、缅甸、泰国、马来西亚、文莱、新加坡、印度尼西亚、东帝汶、印度、沙特阿拉伯。

欧洲（8个）：俄罗斯、英国、法国、德国、意大利、西班牙、挪威、丹麦。

美洲（8个）：加拿大、美国、墨西哥、苏里南、玻利维亚、巴西、阿根廷、智利。

非洲（8个）：津巴布韦、莫桑比克、南非、毛里求斯、塞内加尔、尼日利亚、乌干达、毛里塔尼亚。

大洋洲（6个）：澳大利亚、新西兰、瓦努阿图、斐济、萨摩亚、汤加。

参考文献

文章

1. "中央社"《法兰克福华裔人士欢庆妈祖诞辰》中时新闻网（2014-04-20）
2. 中国新闻网，林群华、徐国荣《湄洲妈祖首次分灵苏利南 妈祖足迹再添南美新版图》（2016-12-03）
3. 中国新闻网《湄洲妈祖分灵越南珠洋天后宫》（2018-08-27）
4. 中国新闻网《湄洲妈祖已分灵全球47个国家和地区》（2022-03-11）
5. 中国新闻网《湄洲妈祖分灵南美洲闽南同乡联谊总会：扩大妈祖文化"朋友圈"》（2023-02-24）
6. 吴伟锋《湄洲妈祖首次分灵莫桑比克 妈祖文化在世界范围内传播》湄洲日报（2017-05-26）
7. 吴伟锋等《湄洲分灵妈祖安座尼日利亚拉格斯中非第一村妈祖庙》湄洲日报（2021-11-09）
8. 林明太《妈祖文化在越南的传播与交流研究》中国海洋大学学报，2020年第3期
9. 林东杰《南宋朱子后学与妈祖信仰的传播》其他宗教和民间信仰研究
10. 林晶《妈祖信仰在日本的传播与转型》《华侨大学学报（哲学社会科学版）》2021年第1期
11. 湄洲妈祖祖庙《莫桑比克妈祖庙落成典礼在贝拉举行》发表于福建（2022-11-17）
12. 朴现圭《韩国的妈祖信仰现况》《莆田学院学报》，第23卷，第1期，2016年2月
13. 程黎婷《第49个！湄洲妈祖分灵版图新增毛里塔尼亚》湄洲妈祖祖庙（2022-10-12）
14. 潘宏立《日本妈祖信仰之流布及其类型演化》《妈祖的信仰、文化、传统

与创新》财团法人台北市关渡宫及台北市立大学出版，2019年7月

15. 潘宏立《日本妈祖文化研究》，发表于2022湄洲岛国际妈祖文化学术研讨会

16. 廖世秉《全真道院庆祝妈祖生日举行妈祖洲绕境》巴西华人信息网（2018-04-22）

17. 李天赐《试析菲律宾华侨华人的妈祖信仰》《宗教学研究》2010年第1期

18. 李天赐《越南华侨华人妈祖信仰初探——以胡志明穗城会馆天后庙为重点》《莆田学院学报》2011第1期

19. 巫秋玉《妈祖信仰与海外闽南人的"神缘"以新加坡天福宫为例》《闽南文化研究》中央文献出版社，2003年9月

著作

1. 明朝大学士《明实录》

2. 张廷玉等《明史》

3. 《三宝太监西洋记》

4. 主编：蒋维金炎、朱合浦。副主编：周金琰、陈景龙等《湄洲妈祖志》北京：方志出版社，2011年9月

5. 主编：宋建晓。王晓平、阳阳等著《一带一路视野下妈祖文化传承发展研究（亚洲卷）》北京：人民出版社，2021年3月

6. 主编：宋建晓。刘婷玉、许更生著《一带一路视野下妈祖文化传承发展研究（欧美卷）》北京：人民出版社，2021年3月

7. 主编：宋建晓。《一带一路视野下妈祖文化传承发展研究（综合卷）》，北京：人民出版社，2021年3月

8. 黄婕《文化妈祖研究（妈祖宫庙辑纂）》北京：中国文史出版社，2019年10月

9. 萧弘德《海外中华1661—2012，台湾、香港、澳门及海外华人》台湾桃园：高教出版社，2012年7月

后 记

《妈祖文化在海外》是福建省中华文化学院规划的"福建文化海外传播"系列之一,也是莆田学院的福建省社会科学基地执行计划之一。妈祖文化有其特色,与其他福建文化的海外传播方式不太相同,它有具体的妈祖宫庙,有些还在兴建中,故写作模式稍有不同。研究中国大陆与台港澳之妈祖文化的学者专家较多,研究其他国家妈祖文化的则较少,某些国家也有其妈祖文化的专门研究者,如越南妈祖文化、日本妈祖文化,集中于妈祖文化在一国或一地的专精研究,但将全球妈祖文化放在一起进行比较研究,则较为少见。

妈祖文化诞生于中国北宋时期的莆田,当时未有福建省,福建省是元朝才创建的。后逐渐扩及于闽南地区,再扩散于中国沿海各地。从颜思齐、郑芝龙、郑成功时代开始妈祖文化就受到台湾各阶层重视,至今从来没有中断过。21 世纪,台湾妈祖宫庙众多,持续兴建新的妈祖庙且每年各种活动热络;香港、澳门的妈祖文化活动也相当丰富。而台、港、澳以外的世界妈祖文化,在 20 世纪与 21 世纪里有各种形态的传播,写完这本著作,更觉得妈祖文化在各地的多样,且仍在各国蓬勃发展。

笔者曾在台湾中央大学等校与福建的莆田学院工作。曾经参与福建社科院、莆田学院、湄洲祖庙合办的第六、七、八、九共四届"国际妈祖文化学术研讨会",并发表论文,这四届所有论文题目的英文翻译工作也是我完成的。"妈祖分灵"我译为 Mazu Recarnation;"妈祖绕境"译为 Mazu Pilgrimage。2019 年笔者于世界李氏宗亲总会在莆田的祭妈祖活动中担任英文司仪,当时有

193

一千五百人参加，并创新性地将"文言妈祖祝辞"翻译为英文。关注世界妈祖文化活动，是笔者长期的学术兴趣。

妈祖文化在越南已经融入当地传统，在越南以外的东南亚国家，妈祖文化也是当地华裔华侨的重要信仰。妈祖文化在琉球与日本长崎，也有相当悠久的历史传统。在美洲与澳新，妈祖文化虽然传播稍晚，但近年随着华人移民的持续增加，妈祖文化也不断扩大影响。欧洲与非洲的妈祖文化则影响较小。

这本著作并不是世界妈祖文化的普遍描述，而是挑选世界各国妈祖文化里，较有意义与较特殊的事件加以描述，对各地重要的妈祖文化做举例介绍，并分析世界妈祖文化的传播路径与影响。

这本著作能够完成，感谢多位杰出学者的指导，如长期在日本学界的潘宏立老师、新加坡的吴振强老师、台湾妈祖文化研究协会蔡相辉理事长、北港朝天宫纪仁智组长、台湾中台科技大学张桓忠老师、湄洲妈祖祖庙吴国春副董事长、中华妈祖文化交流协会周金琰秘书长、福建社会科学院党组书记宋建晓先生、莆田学院副院长兼妈祖文化研究院院长黄志源先生，以及莆田学院妈祖文化研究院曾伟副院长、黄瑞国老师、孟建煌老师、林明太老师、帅志强老师、林晶老师、刘福铸老师、梁右典老师，莆田学院图书馆陈春阳馆长，贤良港天后祖祠林自弟董事长，莆田文峰天后宫主委兼莆田市政协委员陈鹭玲女士，福建师范大学林国平老师，福建省社会主义学院卓斌斌老师，台湾凤鸣斋国乐团法比团长。也特别感谢相关照片提供者湄洲祖庙、潘宏立教授、高亚成摄影师、蔡昊摄影师等。

萧弘德